高端人才集聚的理论分析与实证研究

郭立星 著

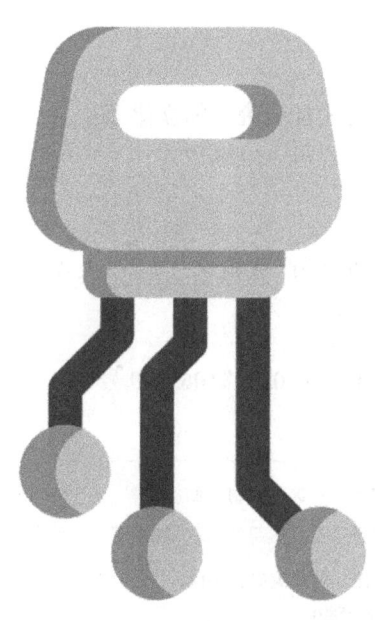

中国纺织出版社有限公司

内 容 提 要

本书围绕"人才集聚效应"展开讨论。首先,阐述了人才集聚、人力资本、人才流动、经济发展的状况,并且针对我国人才集聚模式与水平的区域化进行了理论和实践性评析。其次,基于产业集群的人才集聚效应对人才引力、人才成长进行实证。再次,论述组织冲突对科研团队人才集聚效应的影响机理及冲突调控。最后,从城市地区、农村地区、企业三个方面阐述了实现与促进人才集聚的政策建议。

本书适合从事产业集群以及人力资源管理研究、教学的学者阅读,也可作为企业人才管理参考用书。

图书在版编目(CIP)数据

高端人才集聚的理论分析与实证研究/郭立星著. — 北京:中国纺织出版社有限公司,2023.12
ISBN 978-7-5229-1572-2

Ⅰ.①高… Ⅱ.①郭… Ⅲ.①产业集群-关系-人才管理-研究 Ⅳ.①F263②C962

中国国家版本馆 CIP 数据核字(2024)第063409号

责任编辑:张 宏　　责任校对:高 涵　　责任印制:储志伟

中国纺织出版社有限公司出版发行
地址:北京市朝阳区百子湾东里 A407 号楼　邮政编码:100124
销售电话:010—67004422　传真:010—87155801
http://www.c-textilep.com
中国纺织出版社天猫旗舰店
官方微博 http://weibo.com/2119887771
北京虎彩文化传播有限公司印刷　各地新华书店经销
2023 年 12 月第 1 版第 1 次印刷
开本:787×1092　1/16　印张:11.5
字数:182 千字　定价:98.00 元

凡购本书,如有缺页、倒页、脱页,由本社图书营销中心调换

前言

在市场经济条件下,人才资源的流动是人才为实现自身价值增值而进行的市场投资和运作,从而实现人才自身价值的最大化。人才集聚不仅可以实现人才自身的价值,还会产生集聚效应,使集聚地获得先行发展的机会,促进其社会、科技、经济等方面持续高效发展。因此,人才集聚引起了学术界、政府、企业及有关部门的广泛关注。基于此编写了本书。

本书共五章,第一章为人才集聚与经济发展,介绍了人才集聚概述、人力资本与人才流动、人力资本与经济发展。第二章为我国人才集聚模式与水平的区域化,介绍了国内外人才集聚模式与政府职能定位,东、中西部人才集聚对行业收入差距和就业影响的比较,欠发达地区的人才集聚陷阱。第三章为产业集群的人才集聚效应理论与实证,介绍了产业集群的理论研究概况、产业集群人才引力、产业集群人才成长。第四章为组织冲突对科研团队人才集聚效应影响机理及冲突调控,介绍了科研团队人才集聚的内涵界定、组织冲突对科研团队人才集聚效应的影响机理、理论模型、实证分析。第五章为实现与促进人才集聚的政策建议,介绍了城市和农村地区实现人才集聚的建议、科技人才向企业集聚的机制。

在本书编写过程中,笔者参考了国内外同行的研究成果和相关资料,在此,笔者谨向本书参考文献中列出的作者表示感谢!由于时间仓促,限于编者知识水平有限,书中如有不当之处,恳请读者批评指正,在此表示感谢!

郭立星

2023 年 10 月

目 录

第一章　人才集聚与经济发展 …………………………………………… **001**
  第一节　人才集聚概述 ……………………………………………… 001
  第二节　人力资本与人才流动 ……………………………………… 017
  第三节　人力资本与经济发展 ……………………………………… 031

第二章　我国人才集聚模式与水平的区域化 …………………………… **033**
  第一节　国内外人才集聚模式与政府职能定位 …………………… 034
  第二节　东、中西部人才集聚对行业收入差距和就业影响的
     　比较 …………………………………………………………… 050
  第三节　欠发达地区的人才集聚陷阱 ……………………………… 051

第三章　产业集群的人才集聚效应理论与实证 ………………………… **059**
  第一节　产业集群的理论研究概况 ………………………………… 059
  第二节　产业集群人才引力 ………………………………………… 070
  第三节　产业集群人才成长 ………………………………………… 094

第四章　组织冲突对科研团队人才集聚效应影响机理及冲突调控 …… **115**
  第一节　科研团队人才集聚的内涵界定 …………………………… 115
  第二节　组织冲突对科研团队人才集聚效应的影响机理 ………… 119
  第三节　组织冲突与科研团队人才集聚效应的理论模型 ………… 137
  第四节　组织冲突与科研团队人才集聚效应的实证分析 ………… 145

第五章 实现与促进人才集聚的政策建议 …………………………………… **157**
  第一节 城市地区实现人才集聚的建议 ………………………………… **157**
  第二节 农村地区实现人才集聚的建议 ………………………………… **160**
  第三节 科技人才向企业集聚的机制 …………………………………… **168**

参考文献 ……………………………………………………………………… **175**

第一章 人才集聚与经济发展

第一节 人才集聚概述

一、人才

人才一词是由《诗经》最早提出的。随着我国改革开放的不断深入,人才这个宽领域、多序列、多层次的概念,随着时代的发展具有了不同的内涵。国际国内有关学者对人才的定义与界定也不尽相同。王康、王通讯在《人才知识手册》中将人才表述为"在一定社会条件下,能以其创造性劳动,对社会发展、人类进步做出较大贡献的人。人才是人群中比较精华、先进的部分"。叶忠海等在《人才学概论》中认为"人才,是指那些在各种实践活动中,具有一定的专门知识,较高的技术和能力,能够以自己的创造性劳动,对认识、改造自然和社会,对人类进步做出了某些较大贡献的人"。《管理人才现代化手册》将人才定义为:"凡是具有一技之长,并自觉对社会尽职尽责,为人民服务,在四化建设的岗位上做出贡献的人都是人才。"也有人把"有才识学问的人、精明强干的人,能为社会发展和人类进步进行创造性劳动并在某一领域或某项工作中做出较大贡献的人"称为人才。

综合上述观点,人才包含三层含义:

首先,它是相对性概念,是相对于一般人而言的。

其次,它是阶段性概念,不同时期有不同标准。

最后,它是层次性概念,从类别上可分为科技人才、管理人才、艺术人才等,从水平上可分为高级人才、中级人才和初级人才,从表现形式上可分为显性人才和隐性人才等。

本书认为,人才是指那些具有专门的知识和技能,对社会进步和经济发展做出一定贡献的特殊群体。具体来说,人才是指具有中专以上学历的人员、具有初级以上专业技术职称的人员或在专业技术岗位上工作的人员,这是人力资源和社会保障部的人才统计口径,它涵盖了人才群体的绝大部分,而且具有确定性、可比性和可操作性,因而本书也使用该口径意义上的人才。

(一)人才的属性

1.再生性

人才的基本特点是可以再生,也就是说,人才能够通过自然补偿和更新,达到持续开发和利用的目的,以至于在相当长一段时间内可以得到不断提高和发展。

2.能动性

在再生产过程中,自然资源只作为开发利用的对象和客体,而人才资源不仅是开发利用的对象和客体,而且也是开发利用的动力和主体。人才资源的开发和利用,是通过自身有目的的活动来完成的。

3.社会性

人才资源的发展变化是人类自身再生产发展变化的直接结果,社会的经济条件对人才资源的再生产具有决定性作用。

4.流动性

流动性是人才资源的重要属性。俗话说"人往高处走",意味着人们希望去追求收入的增长、生活的美好、工作的舒适、环境的优雅等。但是,人各有志,也并不是千篇一律的。

(二)人才的特点

人才同样具有一般人力资源的特点,但其自身突出的特性更应引起社会组织的重视。

1.高智能性

智能的高低是先天赋予和后天继承共同作用的结果。在变幻复杂的当今社会,在知识爆炸的信息经济时代,后天继承能力对智能的提高显得更加重要。

2. 高层次性

人才的高层次不仅应表现在较好的继承性上，而且应表现在较高的悟性上，即在对已有知识与技能的吸收、消化、提高、再创造等方面独具慧眼，这是人才高层次的突出特征。

3. 强事业性

人才之所以别具一格，主要是因为他们在事业上孜孜以求、不断进取。极强的事业心才是人才的立身之本。

4. 强责任性

极为突出的成就来源于对自身、对事业、对组织、对社会的极强的责任感。这种责任感是人才学习、工作、生活的动力。对于人才来讲，生命不息，动力不止。

5. 高稀缺性

各种学科、技能领先人物卓尔不群是因为大多数人还未能够达到他们的水平。因此，人才的稀缺是客观存在的事实。

6. 高动态性

人才的高动态性体现在两个方面：一是学科、技能方面；二是行为方式方面。前者是由于科技发展日新月异，高层次人才本身的学识、技能高低变化不一；后者是由于人才的高稀缺性而引起各类组织的争夺，这造成了他们学习、工作、生活场所与方式的变动。

二、人才流动

人才流动是指人才在职业间、产业间和地区间的移动。人才流动是市场经济发展的客观要求和必需条件，是调节人才需求与供给、充分发挥人才效益的重要机制。帕拉斯在《西方工业组织》中定义，广义的人才流动是指人才从一种工作状态到另一种工作状态的变化，工作状态可以根据工作的岗位、工作的地点、职业的性质、服务的对象及其性质等因素来确定。简单来说，人才流动是指使人才流通起来，即人才的任用要随时按照人才、岗位的要求及其他客观环境的变化不断进行调整，使人才队伍在流动中不断得到调整、优化。只有实行人才的动态管理，才能使人才的培养、选拔和使用取得最佳效果。

劳动经济学理论认为,当预期收益大于流动所需要的心理成本和货币成本时,人的流动就会发生。从根本上说,人才流动的过程就是个人价值进一步实现和不断升值的过程。在其他条件相同或相似的情况下,如果一个国家、地区、行业更加尊重人的价值,鼓励个人发展,那么就会更加吸引人才。如果一个国家、地区能够持久、稳定地保持对人才价值的尊重,那么,这个国家和地区的人才汇集机制就会逐渐形成。

(一)人才流动的特点

1. 人力资源流向高科技产品市场

人才,特别是高科技人才,是高技术含量、高附加值的人力资本,作为一种生产要素、一种资本是离不开市场的。作为一种能动的生产要素及资本,人才会主动寻求高科技产品市场,只有高科技产品市场才能聚集高科技人才。当一个国家(或地区)尚没有形成高科技产品市场时,这个国家(或地区)就不可能吸引高科技人才。

2. 人力资源流向研究与开发水平高的地方

人才绝大部分从事研究和开发工作,同样研究和开发工作也培育了人才。人才需要良好的科研环境和条件,研究与开发的投入和教育经费的投入是形成人力资源集中和集聚的重要环节。研究与开发经费和教育经费的绝对额及其占国民生产总值比重高的国家(或地区)也是人力资源相对集中和聚集的国家(或地区)。

3. 人才流向适合自己创业的地方

人才,特别是高科技人才,需要创造事业的空间,需要研发的自由度。在薪酬水平一定的情况下,高科技人才更希望有发展事业的空间。高科技人才创业需要两个利器:一是孵化器,二是风险投资。孵化器是高新技术的孕育者和加速器,为高科技人才创办企业构筑良好的创业基础和创业环境。风险投资是高新技术企业的稳产婆和催化剂,以风险资本方式培育企业。美国的"硅谷"具有这两个利器。硅谷聚集了世界上最优秀的创业人才,拥有最丰富的人力资源,是世界上人才密度最高的地方。因此,美国的"硅谷"成为高新技术成长和发展的圣地,也是高科技人才向往的地方。

4. 人才流向能体现自身价值的地方

人才有价:一是指人才劳动力的薪酬价值(人才劳动力价值的货币表现);二

是指人才的社会价值,人才对社会的贡献及在社会中的地位;三是指人才自我价值的实现;四是指人才发挥能量的财富基础。人才价值的实现必须以国家财力为基础。一个国家要成为人力资源的汇聚地,提高国家的综合实力才是关键所在。同理,一个地区、一个企业要吸引高科技人才也要以自己的"财力"作为后盾,包括无形资产和有形资产,特别是无形资产。人力资源与财富的这种相互依存的关系,决定了财富是聚集人才的条件。反过来,人力资源的聚集也可以使财富快速增加,其中包括社会财富和个人财富。

5.人才资源流向具有"马太效应"

在全球或一个国家范围内,资金总是流向资本丰富的地方,一个地方资本越丰富,就越能聚集资金,而一个贫穷的地方却很难筹集到资金,这就是经济学中的"马太效应"。人力资源的流动也明显表现出"马太效应"。人力资源作为最重要的生产要素,是拥有大量知识、技能的人力资本,因此,人力资源也具有资本的基本属性。一个国家或一个企业人力资源越丰富,就越能吸引并聚集人才,人才总是能动地向人力资源丰富的地方流动。

(二)人才流动的相关分析

1.人才流动的基础——竞争就业的体制

人才流动这种现象的存在与一个社会的市场经济、双向选择、竞争就业的体制有关。如果没有这种体制,人才的流动就是一种盲目的、一厢情愿的、难以实现的意愿,而不是现实的制度化行为。

在市场经济体制下,人才这种经济要素的"买方"与"卖方"通过市场相联结,自由选择、自由竞价,没有人为的干预,是在双方认可的情况下实现用人单位的工资成本与个人的预期劳动报酬的交换,达到双向选择的目的。这种就业方式最主要的优点就是保证了用人单位与个人以最佳状态完成资源的配置。

在双向选择的条件下,用人单位基于自己对市场的预测和预期利润的追求,决定所要购买的人才要素的数量、质量与类别。由于各种因素(如宏观上的经济衰退、中观上的行业市场萎缩、微观上的管理不善或员工老化等),企业的经济效益开始下降,用人单位就要采取各种措施改变原有的资源配置,辞退或更换人员,从而造成了员工的流动、失业和更替。

从一般意义上说,求职者凭借自己的能力在人才市场上寻找工作,参与就业竞争,最后被某个用人单位录用。可以说,市场经济是唯才是举的体制,能力较强的人才在与其他求职者的就业竞争中,在与用人单位的工作竞价中,占据明显的优势。个人的充分择业权,使得人才要素的高流动具备了客观条件。

2. 人才流动的决策——个人的成本效益

对每一个再次寻找工作的人来说,都要进行流动成本与收益的价值衡量与比较,这就是人的经济决策行为。

职业流动的成本,可分为用货币计量的经济成本和不能用货币计量的非经济成本。经济成本包括寻找工作而支出的各项费用、参加有关培训的成本、流动期间的衣食住行生活成本等。非经济成本包括所放弃的原单位收入、所丢掉的可能发展机会、离开熟悉环境与人群的心理成本等。

职业流动的收益,可分为四个部分:①货币性收益,即在新职业岗位所获得的货币收入;②技能性收益,指在新职业中获得的工作技能及各种有关的知识;③机会性收益,即个人在新职业和新单位的发展机会;④文化性收益,指在新工作氛围中所获得的文化和其他的社会生活知识。

当一个人准备流动并具备能够找到新职业的条件时,要对"流动"和"维持现状"两种情况进行比较,权衡利弊,从而判断流动以后对个人生涯的发展究竟有什么益处,有多大益处,最后做出流动与否的判断和决策。

在对"流动"和"维持现状"两种情况进行比较并做出决策时,还应当注意,做出的一定要符合自己的职业价值观,并且要再一次做出"流动"和"维持现状"两条路的未来前景甚至是终身生涯的预测比较,还要再一次验证将要流入单位的现实性。

在一个人成功地进行了人才流动后,自身的人力资本往往会在运动中获得增值,即"跳槽者"的薪金可能会逐渐提高。而新的单位之所以能够付给其较高的工资,是因为个人所得到的工资就是企业的人工成本,新单位通过使用人才而创造更多的价值,取得更高的效益,同时,通过企业产品的销售,人才也为社会增加了有用的产品和劳务,即增加了社会价值。

3. 人才流动的文化——不同的管理模式分析

市场经济体制不仅有着上述"双向选择"的一般性内容,在具有不同文化的国家,也有着很大的差异。这里就美国、日本两种代表性文化和流动现象进行分析。

美国是典型的市场经济国家,其管理的基本宗旨是客观主义和能力主义。美国的企业文化与其创业、拼搏、竞争的"西部精神"有着密切的联系。一般来说,美国的企业管理注重最终结果,即"业绩至上"。这在人力资源管理方面会形成"唯才是举"的用人观,促使用人单位加强对员工的选拔和淘汰。这是西方国家人才高流动性的需求方经济动因。美国文化讲求个性、讲求自我的个体主义特征,使美国人注重工作和生活质量,注重自身的发展,注重自己的价值实现,促使人才努力寻找更加适合自己的职业。这是西方国家人才高流动性的供给方心理动因。加之,西方国家经济水平较高、新就业机会较多、社会福利也较高,这就使得人才在流动方面有着切实的保障。

在东方市场经济国家日本,其管理的基本宗旨是亲和关系和团体主义。这与其东方民族文化及教育中的"忠诚""规矩""感情""传统"有着密切的联系。而日本的企业文化,是以所有者为中心的"家族主义",这实际上是在市场竞争的体制环境中形成的"人际关系共同体",是具有强有力的竞争性团队组织的文化。在日本,"终身雇佣制""年功序列工资"和"家族主义"成为其经济成长的三大神器。与高度自由竞争的美国相比,日本的人才流动水平自然就低得多。

(三)人才流动的规律

1. 经济利益驱动规律

物质资料基础是人类赖以生存发展的必需条件,也是人才流动的基本动力因素。在人类走出自然的必然王国之前,经济利益驱动机制会长期统治着劳动力的流动。改革开放和市场经济体制的实施,打开了禁锢我国人才流动的枷锁,理想、信念、觉悟虽然可以作为意识对物质起反作用,从而影响人才流动的趋势、方向,但是从总体来看,社会不能超越自身发展的生产力水平和生产关系阶段而提出对全体成员认识的高要求。当然,不可否认,理想、信念、觉悟仍然在很多人身上都发挥着作用。

2. 自由需要规律

自由一直是人类追求的最高目标,广义的人类自由包括人对自然和对社会的自由两大方面。虽然自由的内容分为多个层次,其发展也是一个漫长的过程,但追求对自身的思想、行为的自由支配权利,一直是人类,特别是高级人才决定自己流动方向的内在要求。正如马克思所言,资本主义的发展内在地要求劳动力的自由流动,大工业的本质决定了劳动的交换、职能的变动和工人的流动性。正是生产力发展的内在要求和社会体制决定了人才流动的方向。

3. 结合应变规律

所谓结合应变规律,是指人与事结合一直存在着相互制约、相互促进的规律。20世纪后半期以来,随着科学技术的发展,社会逐步进入信息时代。近十几年的发展证明,信息社会将为人类创造出更多的脑体结合运用的条件与手段。脑体结合运用的实现、先进科学手段的引入,将使人类社会生产、生活方式、思维方式、价值观念,甚至社会组织结构发生深刻的变化。人与事结合这种人类历史发展的基本形式及其由低级向高级运动的事实告诉我们,人才资源开发的最佳效果,应取决于人才与事、人才与组织结合的最佳性(即科学性、先进性),如果我们能够清醒地认识这一规律,并把握这种规律,我们就能在人才流动、人才资源开发中做出正确的决策,获得最佳效益。

三、人才集聚

人才是一种特殊的经济要素,它在物理空间或逻辑空间上的集中会形成人才聚集现象。所谓的人才聚集现象是指在一定的时间内,随着人才的流动,大量同类型或相关人才按照一定的联系,在某一地区(物理空间)或某一行业(虚拟空间)所形成的聚类现象。人才集聚有利于生产要素的优化配置和社会生产力的发展,不仅可以实现人才自身的价值,而且会产生集聚效应,使集聚地获得先行发展的机会,加速创新和进步,促进经济社会持续高效地发展。因此,人才集聚引起了学术界、政府、企业界的广泛关注。

(一)人才集聚的效应

人才聚集现象是人才在流动过程中产生的,也是区域社会经济发展不平衡的产物。它不仅对区域经济社会的发展具有正面作用,而且在某些条件下也会产生负面效应,因此,需要对人才集聚效应进行全方位的分析,以便趋利避害。

1. 人才集聚的正面效应

(1)正反馈效应

人才集聚可以使集聚地优先得到发展。发达地区的城市凭借区位优势和雄厚实力,再加上一些招揽人才的灵活政策,吸引了许多高层次人才,形成了高层次人才的集聚现象,因而得到高速度和高质量的发展。在知识经济社会,可以说哪里最先得到优秀人才,哪里就最先得到发展,而且人才集聚形成与集聚地的发展可以形成一个增强回路,进一步加速集聚地的发展。一个区域构建如果拥有了吸引高层次人才的环境与条件,就会引来一部分人才,从而形成人才集聚。人才集聚的形成会使集聚地优先得到发展,而集聚地发展了,各方面的实力都会提高,吸引高层次人才的环境与条件就会更加优越,就会有更多的人才流向这里,人才集聚规模就会更大,集聚地也就发展更快,循环下去,形成一个增强回路,产生正反馈效应。

(2)引力场效应

根据牛顿的万有引力定律,整个宇宙中任意两个物体之间都有引力存在着。这一定律不仅适用于解释自然现象,而且同样适用于解释人类社会的某些现象,所不同的是人与人之间的引力是主动的、有选择性的。达到一定规模的高层次人才与他们所创造的物质财富和精神财富集聚在一起形成一个引力中心,吸引更多的人才加入这个中心,创造出更多的物质财富和精神文明,这就是人才集聚的引力场效应。

(3)群体效应

在自然界中,有一种物理现象,即当两个或两个以上的原子聚合在一起时,便会释放出一种新的能量,这种新产生的能量比原来大许多倍。借用这一现象来看人才集聚,发现人才集聚产生的能量,比单个人才能量的简单相加要大得多,即产生群体效应,也就是"1+1>2"的效果。单个人才是无法充分发挥其作用的,只有把高层次人才集聚在一起,通过群体内部的有效机制,才能实现知识和技能的互补、替代,集思广益,激发创造力和积极性,开发出新的技术和成果,充分发挥高层次人才的作用,最大化实现高层次人才的价值,促进集聚地区发展目标的实现。

(4)联动效应

高层次人才的集聚必然会带来竞争。竞争使人才产生危机感,会激发人才不断学习、终身学习的欲望,并增强创新意识,通过有效的组织和引导,使集聚地高层次人才的水平都得到进一步提高,真正实现高层次人才的高价值,产生联动效应。另外,当今是科技快速发展的信息知识经济时代,面对知识经济的挑战和经济全球化的发展,高层次人才在面临机遇的同时也面临巨大的挑战,适度的危机感会促使高层次人才的知识更新加速,提高适应性和应变性,迈向更高层次。

2. 人才集聚的负面效应

人才自由流动还会导致另一方面的负面效应,表现为用人单位对人才培养的投入缺乏积极性。低位势地区和单位由于引进人才困难,需要自己培养人才,然而培养成才的人,往往是翅膀长硬了,路子摸清了,就要飞走了,培养的结果是"为他人作嫁衣",这实在不划算。对欠发达地区,以及艰苦行业、单位,国家在引进和培养人才方面所给予的巨大投入,由于人才流失而实际上转移到别处,已成为投入产出效益上的严重问题。虽然高位势地区和单位培养的人才固然要稳定得多,但是可以轻易引进现成的人才,而且立即就能派上用场,也可能使这些单位认为犯不着花更大的气力和更多的投入去培养人才。如果真是发展到谁都不愿意在人才培养上投资,那么人才匮乏的受害者最终可能是所有地区和单位。

(二)人才集聚环境

1. 概念阐释

人才环境是一个由多因素、多层次、多环节构成的复杂系统,不同的学者对这一概念有着不同的解释。李玉平认为,人才环境具体指直接或间接影响人才能力的培养和发挥的各种外在条件和环境的总和,包括硬环境、软环境、文化环境。

其中硬环境指影响人力资源能力发挥的物理结构和设施,包括基础设施、住房环境、生态环境。第一,良好基础设施是经济发展的基本保证,是影响人力资源流动和人才发挥作用的主要因素,包括道路建设、通信与信息网络设施。第二,安居方能乐业,人才居住环境历来是决定人才流向的首要因素之一,住房条件的好坏直接决定人才集聚地对人才的吸引力。第三,经济、社会发展的同时,越来越多的人开始重视生态环境的质量,"全民环保"的意识正在逐渐增强,良好的生态环境开始成为一个国家、一个地区争夺人才的核心竞争力之一。

软环境指的是市场化的服务体系和包括政策法规、政府行为在内的制度体系。第一,宽松的政策环境为集聚地的发展巩固人才基础,并构筑起人才高地。第二,人才市场配置机制。市场是资源配置最有效的手段,市场机制在人力资源配置中发挥作用的大小直接影响人力资源利用效率的高低。第三,包括教育、医疗、文化、娱乐在内的社会配套环境。优秀的人文环境是集聚地持久发展的精神源泉。硅谷成功的重要因素之一在于它所具有的以高新技术为核心的创业文化特质。

张志刚则提出,人才环境是指与人才的成长发展密切相关的各种物质条件和精神条件的总和。其内容细分起来有以下几个层面。一是生态环境,包括气候、河流山川、海滨绿地、城市建筑等。二是经济环境,包括经济发展水平、经济收入和物质供应等。三是政治环境,如党政机关的办事效率、党风政风、社会风气等。四是人居环境,如住房条件、服务设施、文化娱乐设施等。五是舆论环境,包括大众传媒的水平、人际关系状况、群团的氛围等。六是工作环境,包括办公条件、科研条件、写作条件、资料条件等。七是国际形势,包括国家关系、域外文化和社会思潮等。这几方面环境相互影响、相互渗透,共同构成了影响人才成长的外在因素和空间条件。

解读人才环境应该顺着人与人、人与社会及社会与社会这条脉络,按照系统论的相关性原理进行。在此基础上,朱达明将人才环境分为自然地理环境、社会人文环境和国际环境三方面(图1-1)。

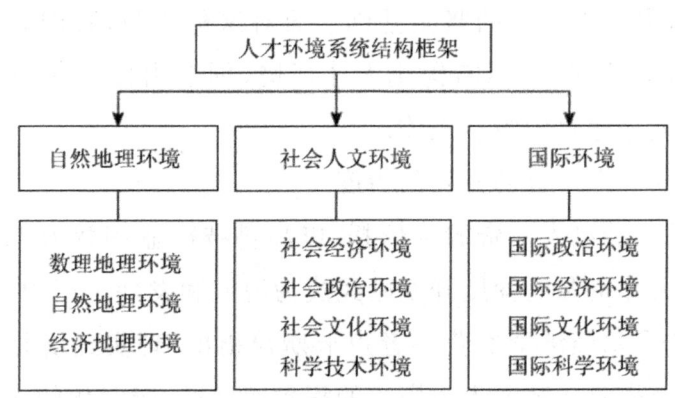

图1-1 人才环境构成图

2. 环境对人才集聚的意义

美国著名的心理学家勒温认为,个人的能力和条件,以及其所处的环境直接影响个人绩效。人是社会存在物,必然会受到其所处的生存条件、学习工作条件、领导作风、人际关系、专业对口等组织环境条件的重要影响。一般而言,个人对环境的抵御力和影响力是十分有限的,而环境对于个人却有着某种决定性的影响。因此,人才环境建设,对人才,特别是高科技人才的吸引、开发和创新起着至关重要的作用。

(1)有利于在国际竞争中吸引高科技人才

经济全球化速度加快,经济增长要素在市场法则驱动下进行全球性流动和组合,超越国界的统一大市场形成,使资本、信息、技术、商品和服务全球流动。经济全球化把所有国家都卷入了竞争,竞争已由自然资源竞争转向专业化人力资本占有的竞争。人力资本特别是专业化人力资本成为21世纪最重要、最稀缺的资本。因此,各国之间的竞争,主要是人力资本的竞争,未来国与国之间的贫富差距,也是拥有专业化人力资本的差距。经济全球化使得要素流动的各种障碍减少,使之得到更有效的利用,进而提高全社会劳动生产率。经济全球化,人力资本竞争与流动国际化,人力资本流动的范围拓宽、选择空间加大,使人力资本的全球配置成为知识经济时代的基本特征。在经济全球化背景下,人力资本流动全球化是必然的趋势。西方发达国家凭借着雄厚的经济实力,放宽各种限制,在全球范围内广泛地吸纳专业化人力资本,从而成为人力资本流动全球化的最大受益者。美国不仅有发达的教育体系,能够对人力资本进行积累和使用,而且运用各种手段,从世界各国引入一流的专业化人力资本,从而奠定了其经济、科技始终处于世界领先地位的坚实基础。面对这种差距,我们只有正视知识经济背景下人才流动的规律,不断优化人才环境,创造出比发达国家更有利的条件,才能在国际人才竞争中吸引人才。

(2)有利于加大人才资源开发的力度

知识经济是一种以人才资源为依托、以高科技产业和智力为支柱的一种全新的经济形态,人才资源的深度开发已经成为解放和发展生产力、推动社会进步的主要环节。诺贝尔经济学奖获得者卢卡斯曾指出:现实经济是以不完全竞争为条件的,因而规模收益随着人力资本的积累而递增,产业化的人力资本不仅能使自身的收益递增(即水平效应),而且使经济增长动态化、长期化。在开放经济条件下,各国间人力资本禀赋的差异通过国际贸易可能得到强化,并形成专业化生产,从而更有助于人力资本禀赋较富裕的国家的经济增长。结果,各国的经济发展不仅存在着差异,而且这种差异还有可能进一步扩大。人力资本的投资开发与人力资本的利用中间有人力资本配置这一环节。人力资本配置不当就会导致人力资本供求失衡,从而阻碍人力资本效率的发挥,造成人力资本的浪费,而人力资本能否合理配置与其配置机制密切相关。人力资本自由流动、自主择业是实现人力资本市场化配置的前提,为此必须重新确立人力资本供给者的主体地位,实现供给主体个人化。其中最关键的是要转变传统的观念,承认人力资本归劳动者个人所有,打破人力资本归国家或部门、单位所有的局面,使其在全国范围内自由流动,对妨碍人力资本自由流动、自主择业的传统体制进行改革与创新。

(3)有利于推动科技人才的技术创新

技术创新的目的是增强我国经济和科技实力,实现科技成果的产业化是基本途径,加强创新人才队伍的建设是基本保证。集聚区内人才环境建设,有利于这三个问题的综合解决,它的作用在中外人才集聚区的发展中也得到验证。美国学者所说的硅谷精神,实质上指的是硅谷的创新精神和良好人才环境造就出的硅谷人的新思想、新观念和思维方式。正因如此,硅谷现在不仅仅是一个地域概念,而且是一种文化概念、一种生活方式。

(三)人才集聚对经济发展作用的分析

人才集聚不仅能使人才价值得以实现,而且能带来集聚效应,产生"1+1>2"的效果。集聚效应作为一种经济现象,同区域经济的发展有直接关系。随着工业化的进程,人类的经济活动总要在特定区域大量聚集,区域之间总是在不断地进行着物质、能量、人员和信息的交换,把各个城市在空间上结合为具有一定结构和功能的有机整体。正是由于人流、物流、货币流和信息流等空间相互作用,城市与城市之间、城市与区域之间,以及区域与区域之间或各种不同的经济实体之间的经济和社会活动相互关联,构成不同层次和总体规模庞大的城市群空间经济系统,系统内各个城镇通过产业的协调分工,生产要素自由流动和高密度基础设施的密切联系,构成具有竞争力的区域整体。美国斯坦福大学成功的主要原因是该校集聚了大批极优秀人才。美国加利福尼亚州的硅谷,集中了全美90%的超大规模集成电路公司,40%的全美合资企业资金,以及相当数量来自斯坦福大学的优秀人才。人才集聚对促进区域经济的发展至少起以下几方面的作用。

1.人才集聚可以有效地降低交易成本

劳动力市场搜寻理论认为,由于人们的信息有限,人们在搜寻工作的过程中,需要付出一定的搜寻成本。影响搜寻成本大小的因素很多,其中两个最重要的因素是搜寻的密度和广度,随着搜寻密度和广度的增加,搜寻成本也逐渐增加。同时,随着分工的深化和技术的专业化,人力资本的资产专用性增强,人们的职业搜寻成本也呈上升趋势。同一产业或相关产业的人才集聚在一起,如同形成了一个专门的劳动力市场,市场中就业信息丰富,这不仅大大降低了人才搜寻就业岗位的密度和广度,降低了搜寻成本,同时也意味着更多的机会和较低的流动风险,人才为此所付出交易成本也大为降低。

同时,在集聚区内,人与人之间的合作往往基于共同的社会文化背景和共同的价值观念。人与人之间的信任度较高,地方社会网络的形成与发展拥有良好的信任基础。若从交易效率来看,地方社会网络显然有利于成员之间的合作与彼此信任,从而促使交易双方很快达成并履行合约,地方社会网络还可以节省企业搜索市场信息的时间与成本。基于地方社会网络信任基础上的交易或合作,有利于提高交易效率,节约交易成本。因此,美国硅谷的迅猛发展与产业竞争优势的获得与人们之间形成稠密的社会关系网络。

2. 人才集聚推动了人与人之间的竞争与协作

人才集聚加剧了竞争,而竞争是增进个人能力的重要因素。大量优秀的人才同居一地,使得个人绩效评价的尺度明确,也为个人带来了竞争的压力。业绩好的个人能够从中获得成功的荣誉,而业绩差的甚至平庸的个人会因此感受到压力。这种压力,使得个体努力学习,从而使自身人力资本不断增值。人才集聚在一起虽然加剧了竞争,但竞争并不排斥合作。竞争并不仅仅表现为在市场上的争夺,更多地表现为追求卓越的心理压力。在不断出现的技术创新过程中,没有一个人能够独立地完成一件产品的研究与开发,同时,个人要应付复杂多变的外部环境,也必须与其他人结成伙伴,共同解决问题。与竞争的同行相互交流合作,共同分享本行业的知识与信息,不仅是可能的,而且是十分必要的。当代的技术创新是一种社会过程,需要企业既竞争又合作的特殊文化氛围。在商业竞争中与对手分享信息和成果,似乎不可思议,但在实际中知识共享对于不断创新的人来说极为重要。因为他们会争取主动赢得时间,以攻为守获得成功。在硅谷,竞争者之间经常相互交流,讨论技术问题。这是硅谷地区文化的一个主要方面。在硅谷人看来,在一个技术飞速发展的时代,与其保守技术秘密,不如相互交流迅速取得技术创新上的竞争优势。

3. 人才集聚对促进创新活动具有积极意义

人才集聚对促进创新活动的意义主要表现在知识、信息的快速流动方面。在集聚区内,人才作为高度专业化技能和知识的载体在地理上的集中,能产生较强的知识与信息累积效应,为集聚区提供实现创新的重要来源及所需的物质基础,这对加强集聚区持续创新能力起着关键作用。虽然说现代通信技术及交通条件使得全球范围的沟通和来往比以往更为快捷,但在技术开发及解决问题过程中,面对面的接触交流更为重要,它与打电话、发邮件、乘飞机有着本质上的区别。一般而言,隐含经验类知识主要蕴藏在人们(尤其是专家、工程师和技术工人)的大脑之中,很难用语言表达,个人属性较强。人才在地理上的接近,便于人们通过人员流动与私人交流等形式建立稳定和持续的关系,为隐含经验类知识的准确传递与扩散提供基础条件,从而有利于加快创新速度。

(四)人才集聚及其形成原因

资本是能够增值的价值,人既然是一种资本,就具有资本的一般属性,即增加自身价值。所以,"人力资本,即人力形态的资本,是通过对人力投资而形成的凝结在人体中的能使价值迅速增值的知识、体力和技能的存量总和"。人力资本的不断投资与不断增值的过程就是人力资本积累。通过人力资本积累不断增大的人力资本存量就是人力资本积聚。如果人力资本积累是人力资本积聚的动态过程,那么,人力资本积聚则是人力资本积累的静态产物。如果对人力投资不能增加其价值,也就构不成人力资本。因此,人力资本积累的实质就是投资主体使被投资者的自我价值不断实现增值和再增值,人力资本投资越多,人力资本存量越大。由于人力资本具有各种形式,所以人力资本投资也相应地具有不同的形式。人力资源也好,物质资源也好,其合理的配置都不是一个一次性的静态过程,而是一个不断被调整和重新配置的动态过程。所谓人力迁移投资,就是指通过花费一定的成本实现人口与劳动力在地域或产业间的迁移与流动,变更就业机会,以便更好地满足自身的偏好,创造更高的收入。由于人口与劳动力的迁移提高了人力资源配置的效率,提高了劳动力的质量与竞技状态,所以也属于一种重要的人力投资形式。社会上已经积存和正在生成的分散的人力资本通过流动向某一特定区域集中,从而形成较大的群体人力资本。我们可将这一过程看作人力资本的集聚。资源集聚是实现资源优化配置的前提条件,是经济高效运行的重要标志。产业集聚是现代区域经济增长的一个重要现象,也是理论界讨论比较多的问题。但随着知识经济时代人力资本逐渐取代物质资本,成为经济发展的决定因素,人才集聚问题越来越引起大家的关注。

目前,人才集聚大体有两种方式:一种是自发形成,如美国的硅谷;另一种是政府促成。不论哪种集聚方式,在对引起集聚的各种要素做进一步分析后,可以发现人才集聚的原因有以下几个方面。

1. 资源禀赋是人才集聚形成的最初诱因

资源是企业进行生产经营的基础。资源在经济学上一般包括各种有经济价值的自然资源、资本、劳动力、土地、技术和管理等。早期农业集聚，多表现在对自然资源富集程度的强烈依赖性上。例如，在光照充足、雨水充沛、气候宜人的地区发展起来的农业集聚，像古代中亚的两河流域、印度的恒河流域、我国的黄河流域和长江流域都曾是世界最著名的农业文明发源地。在工业时代，矿藏资源富集的地区多为冶炼或重工业集聚地，如德国的鲁尔工业区、美国的钢铁带、我国东北三省的钢铁重工业区。在知识经济时代，作为知识和技术的重要载体和创新主体的人才，以及从事知识研究和创新的院校、科研机构已成为区域重要的知识资产。这种新的高级资源禀赋优势正越来越成为各国和区域发展的主要动力来源。因此，可以说以新型的高级要素为主形成的人才集聚，建立的是更富有生命力的动态竞争优势，这种优势是培养企业或地区长久竞争力的新动力。

2. 人力资本投资是人才集聚发展的推动力量

人才集聚是人才流动过程中的一种特殊行为，而人才流动能使人才的价值得到真正实现。人才是人群中的一部分，他们通过先天的条件和后天的努力，在实践中形成了较高的智力，他们凭借自己的智力优势和专长能够为社会做出比一般人更多的贡献。以知识为基础的知识经济，它的繁荣和发展直接依赖于知识、学术和技能的积累、转移、创新和充分利用。在不同的国家和地区，在不同的专业领域之间都会发生知识的流动，人才则是这种流动的基本载体。单纯的人力资本投入在任何地方都不能形成生产能力，一定量的人力资本只有与物质资本相匹配，与其他适当的人力资本互补时，才能产生人类的生产活动，才能真正体现人力资本的效能和价值。也就是说，任何个人所拥有的人力资本需要与特定的物质资本相配合，需要借助一定组织的人力资本群体优势，才能有所作为。人力资本的这一属性必然使人力资本趋向流入物质资本雄厚、生产要素先进、文化积淀丰厚、人才有群体优势、资源配置合理、运作高效、能为自身特有的人力资本存量提供更为优良的综合匹配条件的地域和组织，以便把自身理想的价值尽可能完整地转换为现实的价值。

人力资本的形成、开发和使用都受制于时间，具有时效性和损耗性。人力资本的时效性一方面指作为人力资本载体的以生物有机体形式存在的人，其生命周期决定人力资本能够做出贡献的时间只占生命中的一部分；另一方面指人力资本所包含的知识、技能、经验等。在知识加速更新的当今时代也有其生命周期,效益最大的阶段越来越短。人力资本的损耗同物质资本类似,既包括人体衰老所造成的体力、智力等有形损耗,也包括知识、技能、经验老化所造成的无形损耗。与物质资本损耗不同的一点在于,人力资本是一种活的能动的智能型资本,伴随正常使用中丰富的生产实践活动和各种形式的人力资本追加投资活动,形成了一系列自我强化、自我丰富、自我发展的人力资本存量补偿和增量添加的独特过程,从而大大降低了人力资本的无形损耗。人力资本的时效性、损耗性导致人力资本趋于流向能及时量才用人、发挥人的潜能,并能连续进行人力资本投资,使人才自身的人力资本损耗不断得以补偿和增值的地域或组织,从而使自身有限的人力资本及时转化为更大的实际价值。

3. 独特的竞争优势是人才集聚的决定因素

集聚之所以成为当今世界发展的一种潮流和趋势,是因为其独特的竞争优势对人才集聚有决定性的影响。波特指出:集聚区能够提高生产率,能够提供持续不断的企业改革的动力,促进创新,能够促使新企业的诞生。人才集聚的竞争优势来源于区内集聚效应的发挥。集聚区大多靠近大学和科研院所,它们为集聚区提供了大量丰富稳定的高级研究人才,同时专业化的人才集聚又能够吸引区域外的专业技术人员、研究人员和管理人员进入,这种人力资源的集中形成了集聚区内健全和稳定的劳动力市场。这种有形的集中,使得人才的信息成本、搜寻成本等都降低。因此,人才在空间上集聚就具备了必要性。同时,集聚区可以提供给人才大量的便利条件,如培训设施的共用性、良好的创业氛围等,这些竞争优势使人才集聚成为必然。

第二节 人力资本与人才流动

一、人力资本

人力资本理论成为一种经济理论兴起于 20 世纪 50 年代,而人力资本理论的历史渊源可以追溯到 17 世纪。英国古典经济学家威廉·配第关于"土地是财富之母,劳动是财富之父"的著名论断,被认为是首次严肃地运用了人力资本的概念。

随后人力资本理论获得了迅速发展,到20世纪50年代以后,以舒尔茨为代表的经济学家将人力资本理论的研究推向了一个新的高度,并与经济增长理论相结合提出了动态经济增长理论。国内经济学家也对我国的人力资本问题进行了系列研究,特别是对人力资本促进经济发展的问题进行了计量验证,这使得人力资本理论的研究不断向纵深发展。

(一)早期的人力资本理论

著名的古典学派代表亚当·斯密首先注意到人力资本问题。在1776年出版的《国富论》中,他提出了初步的人力资本的概念:"学习是一种才能,须受教育、须进学校、须做学徒,所费不少,这样费去的资本,好像已经实现并且固定在学习者的身上。这些才能即是他个人财产的一部分,也是他所属的社会的财产的一部分。"他提出劳动力是经济进步的主要力量,全体国民后天取得的有用能力,都应被视为资本的一部分。工人的工作效率提高,可减少劳动力耗费,其花费成本可以由增加的利润加以回收。因而,人力资本投资可以由私人出于追求利益的投资行为来完成。他建议由国家推动、鼓励甚至强制全体国民接受最基本的教育。

继亚当·斯密之后,约翰·穆勒在其《政治经济学原理》中指出,"技能与知识都是对劳动生产率产生重要影响的因素"。他强调取得的能力应当同工具、机器一样被视为国民财富的一部分。同时由于教育支出将会带来未来更大的国民财富,对教育的支出是与其他公共事务支出完全相容的。

而阿弗里德·马歇尔是现代人力资本理论形成之前的著名经济学家,是有关经济思想的集大成者。他在《经济学原理》中对人的能力作为一类资本的经济意义提出了新的认识,"老一代经济学家对人的能力作为一种资本类型参与生产活动的认识是十分不足的"。他将人的能力分为"特殊能力"和"通用能力"两种。前者指上述的决策能力、责任力、通用的知识与智力,后者指劳动者的体力与熟练程度。马歇尔还强调人力资本投资的长期性和家族、政府的作用,并且将"替代原理"用于说明对人力资本和物质资本投资的选择等方面。马歇尔一方面认真地研究教育的经济价值,主张把"教育作为国家投资",教育投资可以带来巨额利润;另一方面他又认为人是不可买卖的,因而拒绝"人力资本"这一概念。

著名的美国经济学家欧文·费雪在1906年出版的《资本和收入的性质》一书中专门阐述了人力资本的概念。然而,这一时期,受生产力发展水平的限制,知识和技能对劳动能力还没有直观而明显的影响,并且受传统伦理观念的束缚,占主导地位的经济学流派仍然突出强调生产的物质条件,对活劳动估计不足,把人这一要素看作"非资本的"。

第一次正式提出"人力资本"这个概念的是美国经济学家沃尔什。沃尔什在1935年发表的《人力资本观》中,将个人的教育费用和以后收入相比较,来计量教育的经济效应,他采用的方法为"现值计算法",即将不同教育程度支付的费用,与受教育后因能力提高而取得的收入进行比较,除考虑到死亡率、就业率等因素外,再用一定的利率把退休年龄以前的各年收入折算成现值后加总,以此算出各级学校及各种专业的净收益,其收益大小虽然不同,但收入的现值都超过了所花费用的现值,从而证明了教育上的投资符合一般的资本投资性质。

早期对人力资本理论研究做出突出贡献的是美国经济学家稚各布·明瑟尔,他在1958年发表了题为"论人力资本投资与个人收入分配"的文章,首次尝试建立个人收入分配与其所接受的培训量之间关系的经济数学模型。在其后不久发表的另一篇论文《在职培训:成本、收益与某些含义》中,他又根据对劳动者个体收益差别的分析,估算出美国在在职培训方面的投资总量和在这种投资上获得的私人收益率。明瑟尔还是最早提出"收益函数"的经济学家之一,他用收益函数揭示了劳动者收入差别与接受教育和获得工作经验年限长短的关系。

(二)经典的人力资本理论

人力资本管理成为一门学科是从20世纪60年代开始的。美国著名经济学家、诺贝尔经济学奖获得者舒尔茨是这门学科的奠基人,他对人力资本的诸多概念进行了界定,并计量研究了人力资本对经济发展的积极作用,随后贝克尔、罗默、卢卡斯等都对人力资本理论的发展做出了不可磨灭的贡献。

1.舒尔茨的人力资本投资理论

舒尔茨研究人力资本问题的初衷就是要寻找能解释生产力提高但被人们忽视的因素。舒尔茨在研究美国的农业问题时发现,从20世纪初到50年代,美国农业生产产量迅速增加和农业生产率提高的重要原因已不是土地、人口数量或资本存量的增加,而是人的能力和技术水平的提高。据此,在1960年美国经济学会年会上,他发表了题为"人力资本投资"的演讲,正式提出人力资本问题。在随后长达10年的深入研究中,舒尔茨越来越清晰地认识到:"人所获得的能力是尚未得到解释的生产力提高的一个重要原因。"

其后，舒尔茨又发表多篇著作，如 1963 年的《教育的经济价值》、1971 年的《人力资本投资：教育和研究的作用》和 1981 年的《人力投资：人口质量经济学》。在这些著作中，舒尔茨提出并明确阐述了人力资本的性质、人力资本的投资内容与途径、人力资本在经济增长中起到的作用等思想与观点。

舒尔茨对人力资本概念进行了明确的阐述。舒尔茨认为："人力资本和体现在物质产品上的物质资本一样，人力资本是体现在劳动者身上的，通过投资形成并由劳动者的知识、技能和体力所构成的资本"。换言之，体现在劳动者身上并以其数量和质量表示的资本就是人力资本。舒尔茨指出："我们所以称这种资本为人力资本，是由于它已经成为人的一部分，又因为它可以带来未来的满足或收入，所以将其称为资本。"

舒尔茨将人力资本投资范围和内容归纳为五个方面：①医疗和保健；②在职培训；③初等、中等和高等教育；④不是由企业组织的成人教育计划，包括农业技术土管项目；⑤个人和家庭的就业迁移。舒尔茨批判了传统经济学关于资本同质性的假定，认为研究经济发展的动力应引进包括物质资本和人力资本在内的总括性资本概念；论证了人力资本投资是经济增长的主要源泉，而且在经济发展过程中，人力资本投资收益率高于物质资本收益率。他还采用收益率法测算了人力资本投资中最重要的教育投资对美国 1929—1957 年的经济增长的贡献，其比例高达 33%。这个结果后来被广泛引用，作为说明教育经济作用的依据；同时他还研究了制度变迁与人的经济价值之间的互动关系，从人力资本产权角度解释了有关制度变化的社会选择，注意到了利用包括人力资本在内的广义资本概念对分析、研究企业制度安排的重要意义。

舒尔茨较重视从宏观方面分析人力资本而缺乏微观的支持。对影响人力资本投资的诸项因素缺乏具体化、数量化的分析，内容显得单薄了一些。他所指出的人力资本形成的四大途径，只对教育投资做了深入的分析，缺乏一个人力资本形成的一般模型。他在人力资本概念中只强调人力资本是由外部因素决定的，但是一个范畴的产生，既有外因又有内因，这就导致其概念模糊。这些都需要在研究中进一步明确和界定。

2. 贝克尔的理论

贝克尔是当代美国著名经济学家，其对人力资本理论的发展做出了重大贡献。他是 1992 年诺贝尔经济学奖获得者。

关于人力资本投资,贝克尔认为用于教育、在职培训、卫生保健、劳动力迁移及收集价格与收入信息等实际活动的支出都是一种人力资本投资,而不是消费,因为它们不仅能在短期内提高劳动生产率,而且可以长期起作用。关于人力资本的内涵,贝克尔认为人力资本不仅意味着才干、知识和技能,而且意味着时间、健康和寿命。首先,关于人力资本的特性,贝克尔认为人力资本是一种人格化的资本,表现为人的能力与素质与人本身不可分离。因此,工作性质、种类等都会影响人力资本的使用,同时也意味着人力资本具有私有性质,如何使用取决于个人。其次,人力资本生产率取决于拥有这种资本的人的努力程度,因此,适当而有效的刺激可以提高人力资本的使用效率,这是人力资本与物质资本最大的区别。最后,人力资本的价值是由人力资本的各项开支构成的,但是人力投资的成本计量除这些实际费用支出外,还必须计算"放弃收入",即"机会成本"。贝克尔认为人力资本可以通过后天投资获得,并影响后期的生产率和收益,因此,用于物质资本的投资收益分析方法,也同样适用于人力资本研究。贝克尔对人力资本的理解极大地突破了物质资本的传统经济学局限,使经济学研究朝着主体化的方向发展。

贝克尔的突出贡献之一是首次用传统的微观均衡分析方法建立了人力资本投资均衡模型。贝克尔认为人力资本与物质资本投资一样,与个人未来收入之间存在着紧密联系,在假设每个家庭或个人都追求效用最大化的基础上,贝克尔证明了在人的生命周期的某个阶段,人力资本投资的均衡条件为"人力资本投资的边际成本的当前价值等于未来收益的当前价值"。

贝克尔研究了在职培训对收入、就业和其他经济变量的影响,他将培训分为"在职培训"和"特殊培训"。在关于抚养孩子的成本问题上,贝克尔认为发达国家生育率下降,一方面是因为随着经济增长,时间价值提高,已婚妇女时间价值的提高使孩子数量减少;另一方面是因为随着经济增长,对孩子的投资回收率提高。在人力资本投资回收率问题上,贝克尔认为,人力资本投资的多少取决于其回收率不能小于利率和有形资本的回收率。在具体计算时,要考虑经济增长对未来收入提高的影响,也要考虑不劳动者的人数的变化等。

3.新经济增长理论中的人力资本研究

大量的实证研究表明,人力资本是经济增长的重要引擎。20世纪80年代以来兴起的内生增长理论,系统地分析了人力资本对经济增长的作用,认为由生产中的专业化知识积累而形成的人力资本对经济增长会产生"溢出效应";研究发展部门的人力资本开发对经济增长将产生促进作用;正规教育开发积累的人力资本对经济增长将产生"内生效应"。自从舒尔茨首次论证了"人力资本是实现经济增长的重要因素"这一现代增长观,20世纪80年代西方出现了"新经济增长论",并建立了许多"增长模型"。

阿罗在《边干边学》中指出,在生产与学习的过程中,生产更多的物质资本品而积累的更多知识,使下一代资本品所含的技术得以提高,技术的"溢出效应"又使得所有劳动力和固定资产在生产最终产品时的效率都有所提高,这样阿罗就把经济增长完全归功于学习过程和技术的"外部效应"。阿罗模型试图将新古典经济增长模型中的外生技术进步内生化,但由于技术的"溢出效应"不够强烈,在经过一段时间的溢出之后就会进入平台,内生的技术进步不足以推动经济持续增长,这样就必须引入一个外生的人口增长率来解释经济增长。根据阿罗这一理论思想,罗默、卢卡斯和罗伯特分别提出了各自的经济增长模型。在建立的模型中,他们把人力资本视为最重要的内生变量,特别强调人力资本存量和人力资本投资在内生性经济增长和从不发达经济向发达经济转变过程中的首要作用。这些研究都充分揭示了人力资本投资水平及其变化对各国经济增长率和人均收入水平收敛趋势的影响,进而确定人力资本和人力资本投资在经济增长和经济发展中的关键作用。

(1)罗默的知识溢出和驱动模型

罗默的第一个模型并没有提出人力资本这一概念。罗默认为正向外部经济技术效果来源于资本要素 K 的积累,而这个资本要素不一定是有形资本,并使用了"知识"这个表达式来替代"资本"。根据阿罗的思想,罗默引入了知识的"溢出效应",并假设知识的"溢出效应"足够大,足以抵消由固定生产要素存在而引起的知识资本边际产品递减的趋势,从而使知识投资的社会收益率保持不变或呈递增的趋势。这样就将阿罗模型向前推进了一步,说明在人口增长率为零时,经济也能保持增长。罗默最后的结论是,知识积累是现代经济增长的新源泉。

罗默的第二个模型引入了人力资本的概念。在这个模型中,产出分为两大部分。部门1是消费品生产部门(包括中间产品部门),部门2是研究与开发部门,即知识生产和积累部门,罗默认为新古典增长理论关于边际收益递减的假设是其失效的根本原因。因此,在他提出的增长模型中放弃了这一假设。罗默认为在经济增长中知识和资本一样,也是一种要素,但是与资本是由放弃当前消费来积累不同,新知识是由规模收益递减的研究技术生产的。另外,对知识的投资具有正的外在效应。更为重要的是,消费品的生产作为知识及其他投入的函数,具有递增的规模收益。

而生产投入有四种要素:物质资本、非技术劳动、人力资本和技术水平。在这个模型中,技术进步并没有归结为人力资本的增长,人力资本只是一个独立影响经济增长的因素。罗默认为,专业化的知识可以产生"内在经济效应",使个别厂商产生垄断利润,而垄断利润的形成又为厂商用于开发新产品新技术的研究提供了资金来源,这样就形成了技术进步的内在循环与驱动机制。罗默认为,一个企业乃至一个国家用于研究与开发部门资源的多少决定着其经济增长率和收入水平的高低,因而要提高经济增长率,必须在研究与开发部门多投入资源以提高知识积累率,尤其是加强该部门中人力资本的投入与培养。最后罗默认为只有人力资本才能促进经济增长。

(2)卢卡斯的人力资本积累与溢出模型

卢卡斯模型实际上是阿罗模型和宇泽模型的结合。卢卡斯通过将人力资本作为一个独立的要素纳入经济增长模型中,并运用微观分析方法将舒尔茨和贝克尔的人力资本、索罗的技术进步和罗默的知识积累概念结合起来,归结为"专业化的人力资本",认为专业化的人力资本积累才是经济增长的真正源泉。卢卡斯认为,人力资本可以通过两种途径形成:一种是舒尔茨式的学校正规教育,另一种是阿罗式的"边干边学"或在职培训。前者可以提高劳动者本人的生产技能和收入水平,产生"内在效应";后者可以为他人提供生产经验积累,从而产生"外在效应"。据此,卢卡斯分别构建了两个相应的增长模型,以说明人力资本对经济增长的作用。

在两种资本品模型中,卢卡斯把资本区分为"有形的资本"和"无形的资本",并据此将劳动力划分为表现为"纯体力"的有形人力资本和表现为"劳动技能"的无形人力资本。因为两者不可以完全替代,所以只有后者才能促进经济增长。这样就得到人力资本的内在增长率公式:

$$\frac{h(t)}{u(t)} = \frac{h(t)\Delta(1-ut)}{u(t)}$$

式中,$h(t)$为无形人力资本;Δ为人力资本的产出弹性;$u(t)$为全部生产时间；$1-u(t)$ 为脱离生产的学习时间。在这个模型中，卢卡斯将技术进步归结为人力资本的增长，并具体化为体现在生产中社会共有的一般知识形式的人力资本和体现在个别劳动者身上的特殊化的人力资本。这里，卢卡斯把知识直接归结为人力资本。这与罗默不同。

在两种商品模型中，卢卡斯提出了外在的人力资本积累公式：

$$C_i = h_i(t) u_i(t) N(t), i = 1, 2$$

式中，C_i 为第 i 种商品的产出；$u_i(t)$ 为全部生产时间或生产 i 商品使用的劳动量；$h_i(t)$ 为生产 i 商品所需的专业的人力资本；$N(t)$ 为以人时计量的劳动投入。在这个模型中，因为劳动者将他的全部劳动时间 u 用于商品生产，表明人力资本是通过边干边学形成的，所以它所产生的是一种外在效用。卢卡斯的这种人力资本溢出效应的划分方式，具有一定的现实意义，它拓展了人力资本的形成途径：一方面可以通过教育学习来积累，另一方面又可以通过引进先进技术，在生产中积累。

卢卡斯模型与罗默模型的不同之处是显而易见的：后者的贡献在于直接把技术内生化，而前者的贡献则是把原来外生的技术因素转变为人力资本来研究，从而根据贝克尔理论把人力资本内生化。共同之处是都充分强调人力资本投资，并把它作为经济增长的关键因素，这就是后人把罗默模型理论和卢卡斯模型理论统称为新经济增长理论的原因。

二、人才流动

(一)国外人才流动理论的回顾

人才流动理论的发展经历了从早期的人口流动理论向现代人才流动理论的转变。早期的人口流动理论主要针对农村人口向城市转移的问题，虽然与人才流动的研究对象不同，但研究思路对人才流动具有很强的借鉴意义；现代的人才流动理论则运用了劳动经济学等学科的知识对人才问题进行了全面研究，下面分别对两部分理论进行回顾。

1.早期的人口流动理论

在人口流动的理论研究中，阿瑟·刘易斯最早提出农村人口转移的模型。刘易斯认为，不发达经济具有二元结构特征，只有现代化的城市工业部门才是增长的主导部门,也只有工业部门的发展才能吸收农业剩余劳动力。吉斯塔夫·拉尼斯和费景汉在《经济发展的一种理论》一文中接受了二元结构的观点,但他们认为刘易斯没有看到农业在促进工业增长中的作用,事实上农业生产率提高而出现剩余产品是劳动力流向城市的先决条件。一般把以上三位学者的观点称之为"刘易斯—费—拉尼斯模式"。麦茜认为,如果把上述理论延伸,那么人口区际流动就是由劳动力供需的空间差异引起的。相对于资本而言,具有劳动力禀赋的地区工资水平较低。而具有资本禀赋的地区工资水平较高,这导致低收入地区的劳动力流向高收入地区。

托达罗从个人决策的微观角度提出人口流动的又一解释。他认为区域发展差异是人口流动的原因,但对于个人而言,是经过迁移的成本—效益计算后才做出是否迁移的决策。在这里,成本包括旅行费用、找到工作之前维持生活的费用等,效益则不仅包括较高的收入,而且包括发挥自己的潜力。他认为,即使城市存在大量失业人口,只要城市的预期收入高于农村,则农村人口就向城市流动。

斯塔克和布罗姆提出移民的新经济学解释。该理论强调移民是家庭集体决策的结果。迁移不仅是为了获得预期收入,也为了使家庭收入的风险最小,因此区域间的收入差异不是人口迁移的必要条件。即使区际收入差异缩小,由于其他市场(资本、保险市场等)没有得到有效发展,农村人口仍然会向外迁移。由此得出的政策是,政府不仅需要缩小区际发展水平的差异,还需要在经济落后地区建立比较完善的市场体系,这样才能减少人口流出的数量。

以上理论都是从城乡差异角度探讨农村人口流出的原因的,派尔对此持不同看法。他认为人口流入地对低级劳动力的需求是人口流动的原因,其最重要的观点是工资不仅反映了劳动力的供需条件,也象征着个人的社会地位,各种职位构成一个等级体系,一旦提高最低工资以满足这一岗位的劳动力需求,必将产生连锁反应,产生工资的结构性膨胀。因此,发达地区才从低收入地区引进劳动力以满足低级劳动力市场的需求。如果把这一理论引申的话,发达地区引进低级劳动力,有利于提高竞争力,还可以控制通货膨胀。

2. 现代人才流动理论

(1)人才流动的尊重论

按照马斯洛的需求层次理论,人都有获得尊重的需求,人所追求的最高层次目标是个人价值的自我实现。只有尊重人的内在需求,创造一个具有社会活力,充分张扬人的个性的人才环境,人才汇集效应才能形成,这是人才汇集机制形成的核心。具体讲,有以下六个层面。

1)尊重人的自由

这意味着一定物质文明和精神文明发展程度上的价值观与生活方式的多元化,而不仅是单一、狭窄范围内的选择;这意味着社会上的人在一定纪律约束下具有自主性、灵活性、主动性和创造性。

2)人的能力、创造和创新得到尊重

个体能以自身能力寻求自身价值的实现,做到人尽其能、人尽其才、人尽其用,这意味着社会应鼓励创新意识。对新事物的产生,社会要持多了解、多观察、多考验的态度。

3)人的利益得到尊重

对个体的正当利益和合理需要,社会能够合法、合情、合理地予以维护,对损害他人利益的人或行为有积极有效的方法加以解决。

4)人的权利得到尊重

社会应尊重、维护个体的合法权利,尤其应维护社会中的弱势群体在法律允许范围内的各种权利,如选择生活方式的权利、表达自己意见的权利、决定发展方向和途径的权利等。

5)人的人格得到尊重。

社会不因人的性别、年龄、职业、民族、职务、社会地位不同而产生歧视。

6)人的个性得到尊重

与此相关的是社会的宽容态度。人类历史上凡大有作为的优秀人才,必有其与众不同的鲜明个性,如果社会对他们与众不同的个性加以排斥,甚至连他们的创造成果也不屑一顾,那就会导致直接扼杀人才的后果。

(2)人才流动的社会组织说

1)组织寿命学说

组织寿命学说是美国学者卡茨提出来的,他在研究科研组织寿命问题时发现,一个科研组织是有一定寿命的,组织寿命的长短与组织内的信息交流有关,也与获得成果的情况有关。他通过大量的调查研究得出结论,一个科研组织的寿命也与一个人一样,有成长、成熟、衰退的过程。因此,组织也有一个最佳年龄区,即1.5～5年,组织超过了5年,就要进行人才流动,进行改组。这个理论从企业活力的角度论证了人才流动的重要性和必要性,通常只有通过人才流动,才能保持组织的活力。

2)配第—克拉克定律

西方学者从社会大生产、产业结构发展变化的角度提出了人才流动的社会问题。早在17世纪,英国经济学家威廉·配第就已经发现,随着经济的不断发展,产业中心将逐渐由有形财物的生产转向无形的服务性产品的生产,工业比农业、商业比工业的利润要多得多,因此劳动力必然由农转工,再由工转商。

20世纪40年代,美国经济学家科林·克拉克继承前人研究成果,提出"三次产业划分"理论。在人类历史发展过程中,社会人力、不同类型的人才在不同产业之间分布数量的消长变化,是有一定规律的。人才资源在不同产业间的分布比例变化规律是:①第一产业人力、人才资源所占比重不断降低;②第二产业人力、人才资源所占比重不断上升;③第三产业人力、人才资源所占比重终将超过第一、第二产业。该理论所揭示的人力、人才资源按照第一、第二、第三产业梯次转移的规律,已经为世界发达国家人力、人才资源结构的演变历史所证明。

3)二元经济论

美国学者刘易斯在其著名的"二元经济论"中解释劳动力从自给农业部门向工业部门转换时,发现工业部门的工资水平要比农业部门高30%,认为这是促使农村劳动力向城市工业部门转移的根本原因。刘易斯的就业转换理论的要旨是,利用农业部门的隐蔽性失业劳动力支持现代工业部门的资本积累。但是,这其中还有一些隐蔽的问题,如制造业的人均收入低于"其他活动"的人均收入,但是不能因此就说增加实际国民收入的办法就是迅速从制造业转到零售业、政府部门或其他人均收入比较高的服务行业。仅仅把人员从农业转到制造业,实际收入也是不会提高的。随着经济的增长,从农业转到其他行业是增长的结果而不是增长的原因。在人才流动中,这种盲目的流动并不一定能带来整体经济水平的提高。

(3)人才流动的经济效益论

西方学者弗兰克、瑞森和萨德卡认为,对于具有特殊技能的劳动者——人才来说,他们具有和资本一样的流动性。人才的收入一般比较高,因而他们往往被适用于最高的边际税率。因此,只要本国个人所得税最高边际税率和其他国家的最高边际税率差距足够大,就有可能把部分具有高技能的人才"挤出"本国,从而使人才在国际上流动。另外,部分西方学者认为,人力资源是生产要素资源的一种特殊形式,在国际上流动属于生产要素国际流动的范畴。将在国际上流动的人才所创造的财富在流入国和流出国之间进行再分配,是互惠互利的,从全球的资源优化配置和可持续发展的角度来说,也是有效率的。

(4)人才流动的动因说

1)个体动因

一是美国心理学家勒温的场动力理论。他提出了个人和环境关系的公式:$B=f(p,e)$。在这个公式中,B 代表个人的绩效,P 代表个人的能力,e 代表所处的环境。他认为,个人的绩效和个人的能力、所处的环境之间存在着一种与物理学中的场强函数关系。个人的绩效不仅和其自身的能力素质有关,还和所处的环境有关。如果一个人在一个不利的环境中工作,比如,人际关系很差、工资待遇不合理、福利保障缺失、没有发展机会等,他就很难发挥其聪明才智,也难以取得良好的绩效。一般情况下,个人往往难以改变环境带来的影响,只能离开这个环境,到一个适合自己的环境中去。

二是库克曲线。美国学者库克从如何更好地发挥人的创造力的角度,论证了人员流动的必要性。库克曲线是根据对研究生参加工作后创造力的发挥情况所做的统计绘制出来的。从库克曲线可以看出,人的创造力在刚到新环境的初期,会增长得比较快,在 1.5~2 年是创造力最为旺盛的黄金时期,之后则进入衰退期,创造力下降。如果不改变环境和工作内容,其创造力将在低水平上徘徊不前。为了激发研究人员的创造力,应当及时变换工作部门和研究课题,即进行人员流动。

三是卡茨的组织寿命学说。卡茨对科研组织的寿命进行了研究,发现组织寿命的长短和组织内信息沟通的情况、获得成果的情况有关。他通过大量的调查统计得出一条组织寿命曲线,即卡茨曲线。卡茨曲线告诉我们:一个科研组织和人一样,也有成长、成熟、衰退的过程,组织的最佳年龄区为 1.5~5 年。当超过 5 年,就会出现沟通减少、反应迟钝等问题,这就是组织老化的表现。解决的办法是通过人员的流动对组织进行改组和改造。卡茨的组织寿命学说从组织活力的角度证明了人员流动的必要性。与此同时,卡茨也指出人员流动不宜过快。他认为,流动的间隔应当大于 2 年,这正是人们适应组织环境和完成一个项目所需的下限时间。一般而言,人的一生流动 7~8 次是可以的,流动次数过多反而会降低效益。

四是中松义郎的目标一致理论。日本学者中松义郎在《人际关系方程式》一书中提出了目标一致理论。他认为,当个人目标和组织目标完全一致时,个人的潜能得到充分的发挥。当两者不一致的时候,个人的潜能就受到抑制。解决这一问题有两个途径:其一是个人目标主动向组织目标靠拢,引导自己的志向和兴趣向组织和群体的方向转移,并努力趋向于一致。但由于各种因素,如价值观的差异、人际关系的矛盾等,个人目标和组织目标之间的差距难以在短期内解决。其二是进行人员流动,到一个和个人目标比较一致的新单位。个人的努力方向和组织的期望比较一致时,个人的积极性、创造性得到充分发挥,个人的行为容易受到组织的认同和肯定,组织得到了自己所需要的人,组织目标也因此得到了保证,形成良性循环。

2)社会动因

17世纪,英国经济学家威廉·配第发现,随着经济的发展,产业中心逐渐由有形财物的生产转向无形的服务性产品的生产,因此劳动力必然由农业转为工业,由工业转为商业。20世纪40年代,美国经济学家克拉克在对产业进行分类时发现:随着经济的发展,就业结构的中心从第一产业向第二产业,再向第三产业转移。美国学者刘易斯在其著名的"二元经济论"中解释劳动力从自给农业部门向工业部门转换时,发现工业部门的工资水平要比自给农业部门的平均收入高30%,认为这是农村劳动力向城市工业部门转移的根本原因。美国学者格雷夫斯和林内曼认为,在人口迁移中,首先要把可交换的商品和不可交换的商品区分开来。不可交换的商品包括气候、自然条件、社会环境、生活质量等非经济因素。正是人们追求不可交换商品的满足程度,追求高生活质量和舒适程度,才促使人们进行迁移。美国学者默菲、斯雷弗和维希里的研究表明,不同国家的经济规模和实力是影响人才国际流动的一个重要因素。一般来讲,高素质人才在大国的劳动报酬率比小国高,在优势行业的劳动报酬率要比弱势行业高。所以,高税率的小国最容易流失人才。我国学者赵曙明认为,从全社会的角度来看,人才流动是优化资源配置、开发人力资源的必然要求。国民经济是一个动态系统,各个行业、地区、企业的发展是不平衡的,因此对人力资源的需求也是不平衡的。为了使人力资源得到最充分的利用,提高人力资源的边际贡献率,必然要求人力资源从相对富裕的行业、地区、企业流入相对稀缺的部门。我国学者李宝元认为,人才市场化流动是市场经济的天然内在要求,在一定的历史条件和社会经济背景下会突破各种外在的制度障碍为自己开辟道路。

以上学者是从社会大生产、产业结构发展变化的角度来分析的。他们认为,人才流动的根本原因是经济结构转换过程中产生的地区、部门之间的收益差异。

(二)国内有关人才流动的理论

山西财经大学冯子标教授在其著作《人力资本运营论》中以人力资本运营为核心,分别讨论了人力资本的形成、流通和配置,运用经济学的成本—收益分析法构建了人力资本流通的决策模型。在模型中,将影响人力资本流通的各种因素归结为两个方面,即流动成本和流动收益,通过流动成本与流动收益的比较来描述人才流动现象。人才流动决策模型从经济效用角度解释人才流动现象,人才个体或组织根据效益最大化决策人才是否流动。人才流动的决策取决于净收益的大小,如果净收益现值大于零,则发生流动;否则,不流动。净收益现值的大小取决于新工作和原工作的收益差额,也取决于流动的直接成本和间接成本的高低。

中国社会科学研究院戴园晨等认为,人才资源完全进入市场流动,有可能产生流动的自发性、盲目性和无序性,从而需要国家运用法律手段、经济手段并辅之以必要的行政手段,从宏观上调控其流量、流速和流向,使其尽可能趋于合理、有序、有效。目前,我国政府要进一步规范和发展人才中介组织和人才市场,完善就业服务体系,加强职业培训,形成市场导向的就业机制与流动机制。

南京大学商学院赵曙明等则从社会动因角度来分析。他认为,从全社会的角度看,人才流动是优化资源配置、开发人力资源的必然要求。为了提高人力资源的边际贡献率,必然要求人力资源从相对富裕的行业、地区及企业流向相对稀缺的行业、地区及企业。北京师范大学经济学院的李宝元等学者认为,人才市场化流动是市场经济天然内在的要求,人才的市场流动需具备三个条件:一是要有自主的供求主体;二是要有灵敏规范的工薪形成机制;三是要有平等竞争的市场秩序。

清华大学荣芳和何晋秋通过对发展中国家和发达国家人才流动的经济效益的调查得出结论,人才流动有利于生产要素的优化配置和生产力的发展,并提出了几种解决办法,如提高流出国的非经济成本,增强国家的向心力,建立人才流动的国际合作新机制等。有学者从经济学的角度对人才流动进行分析,有学者从宏观的角度对发展中国家人力资本外流进行经济学分析,还有的学者提出人才应实行有偿流动。

普遍的观点认为,劳动者在不同行业、地区、部门之间流动,不可避免地要面对可能失去或减少劳动收入的风险。社会保障体系是社会的"安全网"和"减震器",人才的流动必然要以社会保障为依托。我国地域辽阔,经济发展水平不尽相同,因而各地的社会保障政策也有差异。人不仅是经济人,也是社会人,人才是否流动必然要从成本—收益方面来进行考虑。能不能获得相对完善的社会保障,无疑是影响人才流动的重要因素。

姜守明从社会保障制度的安全作用方面进行研究,认为人才流动不能不考虑社会保障给自身带来的利益差异,社会保障为人才的有序流动和合理配置提供了必要条件和根本保障。安全、高效的社会保障制度不仅能保障劳动者实现自身价值,保证人力资源在全社会范围内优化配置,而且能为全体劳动者提供有序流动条件下的社会安全。

赵志涛通过建立分析人才流动因素重要性的吸引力模型(gravity model,GM),来对人才流动中的非经济因素进行分析。其通过GM分析了社会保障因素对人才流动的影响,以此为各地政府的人才引进工作提供借鉴。又如,杨浩余认为社会保障因素不健全使人力资源在流动过程中的基本生活难以得到保障,从而使流动成本提高,成为人才流动的体制性壁垒,影响人才的流入。

第三节　人力资本与经济发展

对人力资本投资要素作用进行计量分析的代表人物是美国经济学家丹尼森。他的主要贡献是对用传统经济分析方法估算劳动和资本对国民收入增长所做的贡献产生的大量未被认识的、不能由劳动和资本的投入来解释的余数,做出了令人信服的定量分析和解释。他最著名的研究成果是,通过精细的分解计算,论证出在1929—1957年的美国经济增长中,有23%的份额要单独归因于美国教育的发展。在另一项研究成果中,他提出超过29%的每人每小时产出的增加源于教育水平的提高。显然,丹尼森结论是对舒尔茨结论的重要修正。

G. P. 萨卡罗坡洛斯在借鉴舒尔茨和丹尼森研究方法的基础上,自20世纪70年代以来先后发表了一系列研究不同国家和地区教育投资收益的论著。B.

杰恩研究分析了世界100多个国家教育投资的收益率,得出了教育投资收益率随经济发展水平提高呈先升后降变动趋势的结论,进一步验证了舒尔茨等关于初等教育收益率高于高等教育收益率的观点。D.T.杰米逊和E.N.约翰逊等还研究了中国投资收益问题,对人力资本投资在政策讨论中的重要性进行了研究。

随着经济增长理论的日趋完善,越来越多的学者逐渐把目光转移到实证方面的研究。Petrakis和Stamatakisb调查了有着明显不同发展水平的三组国家的人力资本对经济增长的影响,表明不同的经济发展水平与教育之间的关系会发生变化,经济发达地区经济增长主要靠高等教育,而经济欠发达地区初等、中等教育显得尤为重要。William等指出教育支出对经济增长的影响并不是严格单调递增的关系,还受税收结构、生产力水平等因素的制约。

国内学者基于以上模型或改进的模型,根据现有的统计数据对中国的状况进行了实证研究与分析。

沈利生和朱运法假定中国部门经济增长来源于三种要素的增长:固定资产存量、人力资本存量、技术进步,并假定生产函数形式为柯布—道格拉斯生产函数 $Y_i = A_i K_i^\alpha H_i^\beta$,计算出在国内生产总值的增长中,人力资本存量增长的贡献率为30.6%。尽管固定资产存量增长对GDP增长的贡献,要两倍于人力资本存量增长对GDP增长的贡献。但固定资产投资占GDP的25%以上,而公共教育支出却只占GDP的2.5%左右。因此,从实际效益来说,投资于人力资本的公共教育支出对经济增长的贡献要高于用于物质资本的投资。这说明人力资本存量的增长对于经济增长来说是极为重要且极为有效的。

李忠民也提出了经济发展的三要素经济计量模型,即经济发展取决于人力资本、物质资本和制度,同时指出一国经济发展,必然经历以下六个阶段:物质资本推动阶段、技术决定阶段、人力资本决定阶段、制度决定阶段、人力资本和物质资本共同决定阶段、人的全面发展阶段。李建民建立了经济增长三要素模型,认为经济增长取决于物质资本投入、普通劳动力投入和人才投入,并应用其模型对我国京津沪地区进行了有针对性的实证研究,认为人才数量与固定资产投资同步增长时,其对经济增长的贡献份额大于固定资产贡献份额。

第二章 我国人才集聚模式与水平的区域化

我国在行政区划上分为31个省、自治区和直辖市,从大的区域上可以划分为东、中、西三大部分。在极化效应和涓滴效应的双重作用下,各类资源的流向导致了我国区域经济发展的不平衡,如图2-1所示。

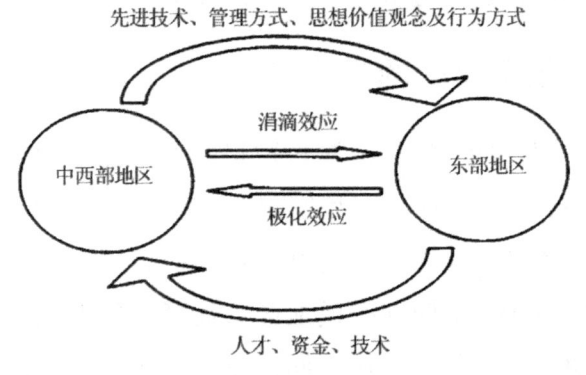

图 2-1 极化效应与涓滴效应

各地区的资源禀赋迥异,加之区域经济的非均衡发展,致使人才集聚水平差距较大,并具有各自的鲜明特点。总的来说,由于目前极化效应较强而涓滴效应较弱,人才跟随资金、技术等其他资源大量流入较发达的东部地区,致使东部地区的集聚水平较高,而中、西部地区的集聚水平则明显偏低。其中,还存在集聚水平过高及过低的典型地区,我国人才集聚的非均衡发展趋势已十分明显。因此,为了全面而客观地把握我国各地区人才集聚状况,必须进行有针对性的差异化研究,在借鉴国外典型地区人才集聚发展模式的基础上,结合我国各地区人才集聚水平的实际状况,选择适宜的人才集聚模式,并采取差异化策略应对不同地区的人才集聚难题。

本文在对我国三大地区的人才集聚状况进行总体分析的基础上,针对集聚相对过度与集聚严重不足的典型地区进行了个体分析,力图做到分析思路从面延伸到点。实践证明,发展中国家由于缺乏各方面的发展经验,调控技巧不够娴熟,容易出现发展过程中的两极分化,人才集聚的发展也不例外。我国欠发达地区人才集聚的严重滞后与个别地区人才集聚的相对过度已经形成鲜明对比。因此,在总体水平落后的情况下,控制好两极分化尤为重要,尤其是集聚水平过高的一极吸取过低一极养分的情况必须得到有效控制和扭转。基于此,本文将某些集聚发展的特例提出,进行解剖式研究,并提出具有可操作性的对策建议。

第一节 国内外人才集聚模式与政府职能定位

国外某些国家或地区的人才集聚形成较早,发展程度也比我国先进,许多成型的模式已表现出明显特征,对我国不同地区人才集聚模式的选择与分析具有较强的借鉴意义。因此,首先对国外经典的人才集聚类型进行深入分析。

一、国外人才集聚模式的类型

通过对世界各国人才集聚形成、演化过程的考察与比较,可以发现政府指导在每个国家或地区人才集聚的形成和发展过程中都存在并发挥一定程度的作用,但发挥作用的方式与介入深度千差万别,体现出各国及各地区政府执政的一贯传统和行事风格。同时,不同国家或地区市场经济的发展水平不同,运用市场机制进行资源配置的比例不同,致使不同国家或地区具有不同的经济特征。

作为资源配置的两种手段,市场机制和计划机制分别代表了以市场为主导和以政府意愿为主导的资源配置方式。人才作为人力资源的精华部分,是一种稀缺程度更高的资源,人才的配置过程便是人才集聚的形成过程。由此可见,人才集聚模式在一定程度上由人才的配置方式决定,即计划方式、市场方式或两者的混合方式,而三种配置方式的划分是以市场和政府两者谁占主导地位为依据的。因此,人才集聚模式的划分是以政府指导在人才集聚过程中作用的强弱及市场机制的成熟程度为依据。鉴于各国或地区人才集聚的不同状况,可以从大类上划分为三种类型。

(一)市场主导型人才集聚模式

市场主导型人才集聚模式主要集中在美国、欧洲等市场经济发达的国家,以美国的硅谷、德国的鲁尔工业区为代表。市场主导型人才集聚的产生多来源于资源禀赋上的天然优势及市场经济的成熟完善,主要具有以下基本特征:①市场机制成熟度高,采用市场主导型人才集聚模式的国家或地区的基本特征为市场经济的深度发展。该类型人才集聚地区一般具备较完善的法律体系、人才激励机制与风险投资机制等优越的制度环境。人才集聚的形成与发展主要依赖人才与市场互动的方式完成。因此,集聚的产生是自下而上的,通过人才对集聚地优势的追逐自发形成。②外部政策力量对人才集聚地区形成与演化的影响是间接的、辅助性的,主要通过调节人才集聚的制约因素,防止集聚外部性的发生。③政府的调节手段是间接引导性的,其调节作用主要表现在人才集聚形成之后的事后调节方面,事前的规划和安排主要由市场调节完成。

市场主导型模式是市场经济条件下配置效率最高的人才集聚模式,市场机制发挥"看不见的手"的作用,引导人才资源顺畅地流动到价值最高的集聚地。但此种集聚模式并非具有普遍的适用性,对实施地的市场经济发展程度及相关政策环境具有较高要求。对一些市场机制不健全、相关配套制度等不完善的国家或地区来说,此种模式反而具有一定的破坏性,需要根据自身实际情况慎重选择。

(二)政府扶持型人才集聚模式

政府扶持型人才集聚模式主要出现在韩国、印度、中国台湾等经济相对后进的国家和地区。通过对人才集聚规律的研究,并借鉴欧美等发达国家的人才集聚经验,相对落后的国家或地区可以通过适度改良政策变量,重塑适合人才集聚的综合环境,推动本国或地区人才集聚的加速进行。政府扶持型人才集聚模式使后进国家比发达国家用更短的时间完成人才集聚进程。以上各国或地区的实践证明,通过政府直接扶持建立人才集聚载体是加快人才集聚进程的有效措施之一。

与市场主导型模式相比,政府扶持型人才集聚模式具有以下基本特征:①实行该种人才集聚模式的国家或地区发展市场经济的历史较短,市场机制有待进一步完善,对人才集聚的自发调节作用比较弱,单纯依靠市场机制很难在短期内创造足够的条件实现一定规模的人才集聚。②人才集聚的形成与发展需要依靠政府的扶持来完成,更确切地说,政府在人才集聚的形成与发展过程中发挥着至关重要的作用。因此,集聚的产生是自上而下的,通过政府扶持与市场机制调节共同促成。③政府往往具有干预和调控经济的历史传统,其文化背景中沉淀了较多的专权因素,政府的地位一直较为突出,在人才集聚之外的其他经济、社会发展的调控方面,政府也常常扮演着重要角色,发挥深度调控作用。

随着人才集聚发展的渐趋成熟,政府的直接干预不再具有明显优势,政府行政调节方式的劣势会逐渐显现出来。比如,随着人才集聚的规模与水平逐步向纵深发展,某些硬性配置人才资源的法律、法规将无法适应变化的集聚环境,调控效果较差。如此一来,政府的扶持功能就需要逐渐淡化,逐步让位于市场机制,政府职能应向市场主导型模式下的职能形式靠拢,这也是一个国家或地区市场经济及人才集聚水平逐步发展的必然选择。

(三)单一计划型人才集聚模式

单一计划型人才集聚模式是特定历史条件下的产物,是计划经济条件下所特有的人才集聚模式,苏联、日本筑波科学城及我国改革开放前的人才集聚模式都属于这种类型。在计划经济模式下,国家可以通过事先周密的经济计划,集中全国的力量迅速调配人员,绝大部分的人员变动均在中央计划之中。

苏联当时由于面临着严峻的国际、国内形势,各种物资匮乏,需要在全国范围内实现物资和人员的统一配给,这种高度集中的人员、物资配给制度在当时的确发挥了重要作用,既利于资源集中统一调用,又利于减少浪费。我国在建国之后沿袭苏联的经济体制,也建立了高度集中的计划经济体制,人才集聚模式自然也是与计划经济体制相适应的计划型集聚模式。另外,计划型模式并非社会主义国家所专有,某些资本主义国家的局部人才集聚也采用该种模式。比如日本筑波,主要采用行政命令方式组建筑波科学城,计划痕迹明显。

单一计划型人才集聚模式在特定条件下曾经发挥过不可替代的重要作用,但在当今的发展背景下显得尤为不合时宜,日本筑波科学城的失败也印证了这一点。撇开市场机制的单一计划型模式违背了市场经济规律,是一种高成本、低效率的人力资源配置方式,致使人才既无法流动到最需要的地方,又严重抹杀了人才的积极性、主动性,最终结果是个人意愿得不到尊重,创造性难以发挥,如此一来,人才集聚便失去了意义。因此,单一计划型人才集聚模式只有与其他集聚模式相结合并进行变通,在当今时代才有生存和发展的空间。

总之,以上所述的三种人才集聚模式具有较强的代表性,是目前国外其他国家或地区人才集聚的主要类型。通过对不同集聚模式的特征及适用条件的解析,从中提炼出适合我国人才集聚实际的模式类型,并加以改进,从而减少排异性,增加适应性。

二、我国不同地区人才集聚模式的选择

本文借鉴国外典型国家或地区人才集聚模式的选择路径,结合我国不同地区人才集聚的实际发展水平,对各地区目前及未来的人才集聚模式进行探索性选择。

(一)集聚模式的划分

从宏观层面来讲,东部地区人才集聚的平均水平较高,中西部地区人才集聚的平均水平较低。与此同时,东部地区也存在个别地区人才集聚水平较低的情况,如河北、海南,而中西部地区也存在若干人才集聚水平相对较高的地区,如江西、新疆等。为了更加科学地确定模式划分的基本依据,本文充分考虑了东、中、西三大区域内部各个地区发展的非均衡性,以反映人才集聚综合水平的结论性指标——人才集聚综合得分。作为划分的基本依据,将全国31个省、市、自治区划分为三种模式:第一种模式为市场主导型,第二种模式为政府指导与资源引导相结合型,第三种模式为政府重点辅导型。由于西藏的原始数据缺失,无法计算其人才集聚综合得分。西藏是西部地区综合发展水平相对落后的自治区之一,人才集聚水平较低,综合考虑西藏人才集聚的实际状况,将其归入第三种模式,如表2-1所示。

表2-1 集聚模式划分

地区排名	地区名称	综合得分	集聚模式
1	北京	2.36	1
2	上海	1.68	1
3	浙江	1.11	1
4	广东	0.73	1
5	湖北	0.39	1
6	江苏	0.38	1
7	天津	0.29	1
8	辽宁	0.1	1

续表

地区排名	地区名称	综合得分	集聚模式
9	江西	−0.04	2
10	湖南	−0.11	2
11	新疆	−0.14	2
12	山东	−0.17	2
13	吉林	−0.19	2
14	陕西	−0.22	2
15	福建	−0.24	2
16	山西	−0.25	2
17	黑龙江	−0.29	2
18	重庆	−0.35	2
19	河南	−0.36	3
20	云南	−0.4	3
21	甘肃	−0.41	3
22	河北	−0.41	3
23	安徽	−0.41	3
24	四川	−0.41	3
25	海南	−0.44	3
26	内蒙古	−0.45	3
27	广西	−0.47	3
28	青海	−0.48	3
29	宁夏	−0.52	3
30	贵州	−0.59	3

1. 市场主导型

依据人才集聚综合得分,得分为正数的地区共有8个,将其归为第一种模式——市场主导型。人才集聚综合得分在全国平均水平之上的地区比较少,仅有8个,这8个地区位于我国人才集聚系统的"领头羊"位置,集聚水平较高。主要特征为:市场经济的发展相对于其他地区来说较为成熟完善;除湖北省外都集中在经济发达的东部地区,经济基础雄厚;同时,地方政府对经济发展及人才集聚惯于采用间接、辅助的调控方式,调控体系比较成熟,经验比较丰富。综合考虑以上基本特征,得分为正数的8个地区适合采用市场主导型人才集聚模式。

2. 政府指导与资源引导相结合型

人才集聚综合得分排名从第9位到第18位,共10个地区,归为第二种模式——政府指导与资源引导相结合型。以上10个地区中,东部地区的省份有2个,分别是山东和福建;中部地区的省份有5个,分别是江西、湖南、吉林、山西和黑龙江;西部地区的省市有3个,分别是新疆、陕西和重庆。在充分考量以上10个地区集聚水平的前提下,充分借鉴国外人才集聚经典模式的划分技巧,提出了该种充分彰显中国特色的人才集聚模式,主要基于以下三点考虑:

第一点,归为第二种模式的地区中,80%是中西部省市,其中中部省份占一半。我国中西部地区以物质资源丰富著称,尤其是中部地区的各省份,先天资源禀赋丰厚。如黑龙江、吉林曾是我国的老工业基地,石油、铁矿石等资源基础较好;山西现在仍是我国最大的煤炭产区,煤炭资源出众;新疆拥有天然气的开采潜力;而山东和福建作为东部沿海省份,地理位置优越,海洋、矿产等资源较为丰富。

第二点,这10个地区的人才集聚在我国处于中游水平,具备进一步发展的基础。其中的两个东部省份——山东和福建,综合发展水平较高,对其余几个地区可以起到示范带动作用;其余的8个中西部省市与其他的中西部省市相比,市场经济发展程度相对较高,人才集聚水平相对较高。在地方政府的适度指导下,人才集聚工程能够走上良性发展轨道。

第三点,在中央政府帮扶资金及精力有限的条件下,对人才集聚水平特别差的地区会加大投入,予以重点辅导,这就决定了对以上10个地区的投入相对比较有限。因此,完全靠中央及地方政府的扶持来发展当地的人才集聚是不现实的,需要谋求适合自身发展的新道路。

综上所述,被归为第二种模式的地区除人力资源以外的其他资源禀赋具有比较优势,如果与人力资源较好的结合,便能够充分发挥资源的引导作用,利用物质资源的优化配置引导人力资源配置到位;同时,人才集聚的发展虽具有一定的基础,但仍需要政府的适度引导和支持,对两个东部省份可以让渡更多的自主权给市场机制,对其余8个中西部省市应给予较多的关注和指导。在政府的全局指导下,发挥资源的引导作用,必须保证资源引导的合理、适度和有序。因此,归于第二种模式的10个地区采用政府指导与资源引导相结合的人才集聚模式,符合一切从实际出发的基本原则,当然也需要在今后的集聚实践中检验其适用性,并不断修正。

3. 政府重点辅导型

剩余的13个地区归为第三种模式——政府重点辅导型。政府重点辅导型是指在市场机制作用比较微弱的条件下,政府在人才集聚的形成和发展过程中发挥重点辅导作用,以弥补市场机制的不足。

政府重点辅导型既不同于单一计划型又区别于政府指导型,是介于两种类型之间的新模式,区别点在于政府干预的力度与介入的程度。重点辅导型的政府干预力度大于政府扶持型,介入程度浅于单一计划型。具体来说,政府在人才集聚过程中起主导作用,以政府职能带动市场机制作用发挥,牵引集聚工程逐步走上正轨。

归为第三种模式的13个地区中,除了河北和海南两个省份为东部地区,其余的都是中西部省区,包括西藏在内,西部偏远地区共有9个,占我国12个西部地区的3/4,囊括了大部分的边疆省份。由于这些地区的总体发展水平比较落后,人才集聚基本是零起点,市场机制的调节作用微乎其微,要在一定时间内促使人才集聚走上正轨,迫切需要新动力的推动。因此,地方政府根据各地实际进行一对一的重点辅导就显得尤为重要。在目前阶段,政府代行一部分市场职能是可行的,也是极其必要的,在理顺各种关系、搭建好集聚的畅通渠道后,再逐步让位于市场。实践证明,政府的帮扶和辅导是集聚落后地区赶超先进地区的捷径。

综上所述,政府重点辅导型人才集聚模式符合这13个地区的集聚水平现状,之所以强调重点辅导,主要是强化政府的帮扶功能以弥补市场机制及其他条件的严重缺失,让"看得见的手"发挥更有力的作用。

在对我国三种人才集聚模式进行详细分析的基础上,本文选取了市场经济成熟度、地方政府的功能发挥等几个比较点，对三种模式进行了简要比较，比较的情况，如表 2-2 所示。

表 2-2　我国 3 种人才集聚模式的比较

—	市场主导型	政府指导与资源引导相结合型	政府重点辅导型
市场经济成熟度	比较成熟，市场调节功能健全	轻度不成熟，市场机制作用发挥不完全	重度不成熟，市场机制基本无法发挥作用
政府功能发挥	辅助性	指导性	重点强化辅导
现有集聚水平	较高	中等	偏低

总之，本书在集聚模式选择上，突破了传统的东、中、西三大地域范围的束缚，根据各地区集聚水平的真实现状，量体裁衣，创建特色集聚模式而不是盲目追求统一模式，力争使集聚模式这双"鞋"适合集聚现状这双"脚"，因为只有穿上合适的"鞋"，人才集聚之路才能走得更远。

(二)集聚模式与区域的联动分析

某些学者将人才集聚模式的划分与我国的区域划分完全等同，即笼统地分析东部地区应选择何种集聚模式，中、西部地区应选择何种集聚模式。由于三大地区内部也存在发展的不平衡性，按地域划分的人才集聚模式选择难以精确地切合各地区实际。鉴于此，本书采用人才集聚综合得分作为选择依据，针对具体的集聚水平选择适宜的集聚模式。

与此同时，我国的经济发展水平及人才集聚水平均呈现出东高西低的规律，各地区人才集聚模式选择与我国三大区域划分之间也存在着紧密联系。本文通过建立交叉列联表，定量分析集聚模式与区位划分之间的关系。

表 2-3 展示了区位代号与集聚模式的对应数据，表中区位代号的含义是：1 代表该地区隶属于东部地区，2 代表该地区隶属于中部地区，3 代表该地区隶属于西部地区。集聚模式代码的含义为：1 代表市场主导型，2 代表政府指导与资源引导相结合型，3 代表政府重点辅导型。

表 2-3 各地区区位代号与集聚模式对应表

地区名称	区位代号	集聚模式
北京	1	1
天津	1	1
河北	1	3
湖北	2	1
湖南	2	2
广东	1	1
山西	2	2
内蒙古	3	3
辽宁	1	1
吉林	2	2
黑龙江	2	2
上海	1	1
江苏	1	1
浙江	1	1
安徽	2	3
福建	1	2
江西	2	2
山东	1	2
河南	2	3
广西	3	3
海南	1	3
重庆	3	2
四川	3	3
贵州	3	3
云南	3	3
西藏	3	3
陕西	3	2
甘肃	3	3
青海	3	3
宁夏	3	3
新疆	3	2

卡方检验(表 2-4)的结果显示:各项显著性水平均通过检验,该数据适合进行二维列联表分析(表 2-5)。

表 2-4　卡方检验表

—	取值	自由度	显著性水平(双尾)
Pearson 卡方	18.041	4	0.001
似然比率	19.030	4	0.001
线性相关性	12.378	1	0.000
有效样本数量	31	—	—

表 2-5　区位代号与集聚模式的交叉列联表

—	—	集聚模式			总数
		1.00	2.00	3.00	
区位代号	1.00	7	2	2	11
	2.00	1	5	2	8
	3.00	0	3	9	12
总数		8	10	13	31

从图 2-2 可以直观地看出,区位代号与集聚模式代码具有较强的同步性,同时伴随着一定的差异性,主要表现在以下几点:

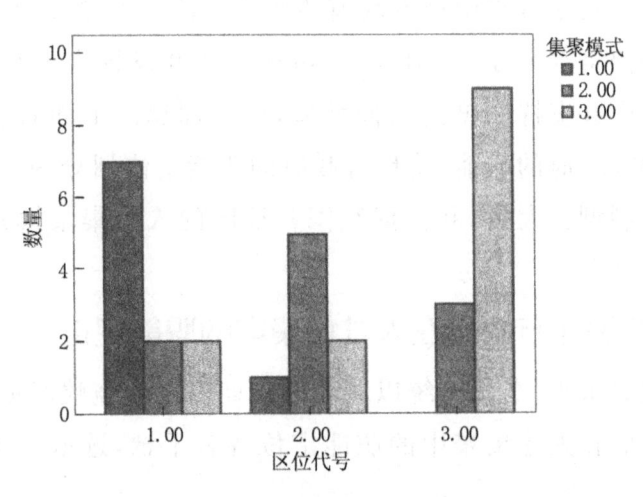

图 2-2　区位代号与集聚模式匹配的柱状图

第一,区位代号与集聚模式代码相匹配的地区占大多数。即区位代号为 1 的地区中,集聚模式代码也为 1 的地区有 7 个,占 64%;同理,区位代号为 2 和

3的地区中,集聚模式代码为2和3的地区分别占62.5%和75%。

第二,区位代号与集聚模式的非同步性较为明显,东部和中部地区的分化比较突出。主要表现在东部11个地区中有4个地区属于第2、3种集聚模式,说明并非所有东部地区的人才集聚水平都比较高,其中也有少部分地区的集聚水平较低,被划分为第2、3种模式;中部8个地区中有3个地区属于第1种和第3种集聚模式,说明中部地区中也有个别地区的集聚水平偏高或偏低。

由此可见,我国的人才集聚发展水平存在着明显的地域特征,经济及综合实力比较发达的地区往往人才集聚水平也较高,集聚模式偏向市场化、自主化,而经济及综合实力较弱的中西部地区中的大部分省市,集聚水平偏低,集聚模式偏向于计划性、扶持性。与此同时,区位代号与集聚模式之间不存在精确的一一对应性,三大地域中部分地区的人才集聚水平脱离了地域总体发展水平的限制,呈现出或高或低的状态,集聚模式的选择在三大地域内部呈现多元化态势。

在集聚模式与区域的联动过程中,既应当发觉两者存在较强的对应关系,也应当认识到两者不完全"合拍",应以更加客观科学的态度对待人才集聚模式的选择。

三、地方政府在人才集聚中的职能定位

地方政府作为人才集聚的重要向心力之一,在人才集聚过程中发挥着举足轻重的作用。人才集聚过程中地方政府的职能定位对人才集聚的成败有着至关重要的影响。如何培养人才、吸引人才、留住人才并发挥人才集聚的经济效应,如何制定多项制度并发挥制度的协同效应,引人深思。下面着重分析人才集聚过程中国内外地方政府的职能,将地方政府的职能定位划分为全面服务型、扶持指导型和计划控制型三大类,并依据我国各地区的人才集聚模式找准各地方政府的职能定位。

(一)国外典型地方政府在人才集聚中的职能定位

受到经济发展水平、文化传统以及政府长期以来的施政习惯等因素影响,不同国家的地方政府在人才集聚中的职能定位各有千秋,选取以下几个典型地区进行分析。

1.美国"硅谷"——全面服务型

美国硅谷的地方政府在当地人才集聚过程中主要担任"服务员"的角色,为

人才集聚的良性发展提供各项必要服务。这是由于硅谷的人才集聚主要由产业集聚带动,随着IT行业的集聚并发展成规模,逐渐地集聚了大量的专业技术人才,人才集聚与产业集聚在相互作用、相互影响下形成。虽然政府通过与民间机构合作的方式对硅谷的发展进行规划,国防工业为硅谷早期的高科技企业提供了必要的技术力量,并通过订单方式为一些高技术研究项目提供联邦补贴用于研究开发,由政府创建的企业孵化器也为数不少,但从总体上看,硅谷的发展基本上是由民间力量自发推动的,是自下而上有规则的提升,地方政府只是发挥基础服务的作用。

美国硅谷的"官产学研"一体化机制十分完善,地方政府与硅谷中的大学、企业、创业者建立起平等互信的关系。企业间有人才自由流动机制,创新型企业不必完全听从政府的号令。硅谷与周边大学及研究机构之间形成人才双向流动机制,各具特色的创新型大学都在走自己的路,有充分的办学自主权。地方政府不随便插手大学、企业的内部事务,更不去干涉个人的创新活动。政府基本上不参与硅谷企业的微观活动,在硅谷的发展过程中,政府所提供的最重要、最基本的资源就是完善的公共产品和恰当的政策与法律体系。

可见,硅谷政府以廉洁高效著称,不是高高在上、盛气凌人,而是化身为投资者的"保护神"。硅谷以精干的"小政府"、简化明了的办事机构和处处为投资者着想的服务规范,真正实现了高效的"大服务",赢得了投资者的普遍赞誉,并取得了良好的发展政绩。

总之,让人才集聚自下而上地发展,并不意味着政府的不作为,地方政府的适度支持贯穿在硅谷发展的全过程中。硅谷的地方政府对人才政策的重视与不断改进是硅谷人才战略取胜的关键,通过柔性管理与政策引导,硅谷政府的基础服务功能淋漓尽致地发挥出来。

2. 印度班加罗尔——扶持指导型

印度是世界人口大国,要获得发展先机,印度还必须成为人才大国,没有人才的支持,要实现经济腾飞就只能是纸上谈兵。印度政府一直对此有着清醒的认识,在人才培养尤其是在教育领域给予了足够重视。以班加罗尔为例,班加罗尔的软件人才远远超过任何一个亚洲城市,从20世纪50年代起它就是印度的科研之都,那里汇集了一批顶尖的科研机构,有77所工程学院每年可为社会输送数万名工程技术人才,其中约1/3是信息技术专业人员。

班加罗尔政府为促进人才集聚进行了相关制度安排,以优化科技园区环境作为促进海外人才回国创业的重要方式,提高对全球科技人才的吸引力。近年来,印度地方政府年度预算强化了对信息技术产业的优惠扶持政策,促进了海外人才回国创业。目前出现的从硅谷到印度科技园区的海外人才回流现象充分表明,以班加罗尔为代表的科技园区已经成为印度海外人才回国创业的重要平台。

实践证明,政府定位于扶持指导型在班加罗尔取得了巨大成功,成为后进国家赶超先进国家的典范。扶持指导型政府在人才集聚起步和发展过程中积极作为,以有力的制度措施为人才集聚的快速发展保驾护航。

3. 日本筑波——计划控制型

日本筑波科学城的建设是由国家有关行政管理机构、地方公共团体和其他有关执行单位共同实施的。虽然筑波政府在人才软硬环境改善方面做了很大努力,但是筑波科学城作为一个世界科学城没有取得完全成功,其中的经验教训值得反思和借鉴。

首先,筑波的形成完全靠政府指令和号召,从规划、审批、选址到科研等整个过程和运行完全是政府决策,研究机构和研究人员都是政府从东京搬来的,私人机构和企业由计划限制发展,整个科学城缺乏自我生存机制和造血功能。

其次,筑波是官僚科学城,个人意志只能体现在政府的计划之中,个人缺乏积极性,整个国立机构和个人都存在一种惰性。筑波以基础科学研究为主,不讲究高技术的开发和应用,研究机构、大学与工业界联系不强,技术创新和产品开发步履维艰,一项科研从立项、审批、研究、论证到出成果一般需要10年时间,周期冗长。

最后,筑波采用封闭型人才培养模式,研究人员靠政府配备,相互之间缺乏真正意义上的竞争与合作。各部门的大学培养人才的目的,主要是为本部门和机构补充人力,人才缺乏流动性。由于政府行政计划色彩过浓,忽视了私人和市场的力量,吸引人才、培养人才的条件不具备,失去了集聚人才的相关基础,难以为继。

与日本筑波科学城相似的是英国的剑桥科技园,其最大特点也是由政府规划、投资,但政府资金只支持与其关系好的大公司,社区服务体系不完善,小企业难以立足。这种歧视性做法背离了国民待遇原则,没有形成有利的创新环境,难以吸引人才集聚,效果不佳。

总之,计划控制型政府在世界上为数不多,日本筑波和英国剑桥科技园是其中的典型代表,其失败的结局给予后人诸多警示。在世界范围内,计划经济已逐步让位于市场经济,说明市场机制的作用不容忽视,单纯以计划控制为主要手段的政府调控模式已经失去了生存的土壤,必将被实践淘汰。

(二)不同类型定位模式的比较

根据地方政府支持在人才集聚过程中作用的强弱程度以及市场机制与政府职能的互动程度,将地方政府的职能定位分为三种类型:全面服务型政府、扶持指导型政府和计划控制型政府。

1.全面服务型政府

政府定位于全面服务型的地区所具备的特征主要有:所在地市场经济发展的历史较长,市场机制比较完善;人才集聚的产生、演化基本上依靠产业集聚、市场与人才互动的方式完成;集聚的产生是自下而上的,主要靠人才对自身利益追逐自发形成的外部力量来推动。

全面服务型地方政府对人才集聚发展的调控是间接性的、辅助性的,主要通过调节人才集聚的制约因素施加对集聚工程的影响力,调节手段以集聚形成后的事后调节为主,调节方法比较细腻、柔和。地方政府为人才集聚提供的各项服务是全面而周到的,对人才集聚的发展不施加行政命令式的强制干预。

欧美等市场经济发达国家,其人才集聚的成长、演化完全是一个市场过程,是经济发展的自发需要,并与产业集聚密切联系。从早期资本主义发展到传统产业集聚开始,再到现代高技术产业集聚的产生,人才集聚大都出于自身发展的需要以及集聚区良好的经济、科技、文化环境的吸引,地方政府仅仅通过完善的调节和激励措施,引导并促进人才集聚的良性发展。

2.扶持指导型政府

扶持指导型政府较多地出现在印度、新加坡等新兴发展中国家和地区,与欧美等市场经济发达的国家和地区相比具有下列特征:市场经济的发展历史较短,市场机制不够成熟和完善;人才集聚难以自发形成,人才集聚的成长、演化主要依靠地方政府的扶持完成;集聚的产生大多是自上而下的,通过国家和地区的干预扶持政策促成。

由于起点较低,单靠市场机制的作用很难在短期内创造足够的条件实现特定的人才集聚目标,政府的大力扶持必不可少,相关部门针对集聚过程中出现的问题进行全程指导。扶持指导型政府往往具有干预和控制经济的历史传统,与市场机制相配合,积极采取各项调控措施,共同推动人才集聚的良性发展。

可见,定位于扶持指导型的地方政府,凭借相关政策的指导及资金投入的倾斜对人才集聚的空白和盲点起到了激发作用,政府帮扶成为人才集聚低水平地区进行初始人才集聚的原始推动力。这些地区的人才集聚基础非常薄弱,又缺乏合理规划和先验经验,政府的作用至关重要,有时甚至起着决定性作用。尤其在人才集聚的初期,政府角色定位于扶持指导型是十分必要的。

3. 计划控制型政府

与前两种类型相比,政府定位于计划控制型的地区所具备的特征主要有:人才集聚几乎没有基础条件;完全摒弃市场机制的作用,人才集聚主要依靠政府的力量来实现;集聚的产生和发展基本是自上而下的,朝政府的指令方向发展。

计划控制型政府具有行政色彩过浓、忽视市场主体作用的特征,过强的行政干预及政府的低效率抹杀了市场创新主体的积极性,违背了经济发展规律,集聚效果只会是事倍功半。在知识经济的时代背景下,这种政府定位模式已被逐渐逐出历史舞台。

以上三种定位模式的比较,参见表2-6。

表2-6 地方政府职能定位模式的比较

政府类型	前提特征	政府服务特点	典型地区
全面服务型	所在地市场机制完善	对人才集聚的成长、演化施加间接、辅助性影响,事后调节	美国硅谷和北欧的一些国家地区
	产业集聚水平高		
扶持指导型	市场经济的历史较短,起点较低	地方政府的调控与市场机制相配合,共同促进人才集聚的形成、发展	印度班加罗尔、新加坡等国家地区
	人才集聚难以自发形成,其成长、演化更多依靠地方政府扶持		
计划控制型	地方政府具有一定的封闭性	完全靠政府的行政指令	日本筑波科学城、英国剑桥科技园区
	地方政府具有干预和控制经济的历史传统		

(三)我国地方政府在人才集聚中的职能定位

我国各地区人才集聚发展的不均衡已是不争的事实,高水平地区与低水平地区之间差距悬殊。各地方政府的职能定位绝不能整齐划一,应采用多样化的定位模式。我国各地区不同的集聚模式代表了相应的集聚水平。因此,不同类型政府的职能定位应根据当地人才集聚模式而定。根据我国不同地区人才集聚模式的选择可知,集聚模式有三种,按照集聚水平从高到低的顺序分别是:市场主导型、政府指导与资源引导相结合型和政府重点辅导型。

在市场主导型人才集聚地区,人才集聚水平较高,市场机制较为成熟完善,集聚基础与环境优良,所欠缺的是相关细节的完善和政策的疏导。因此,地方政府应定位于全面服务型,在人才集聚过程中扮演辅助性角色,让市场发挥主导作用,地方政府主要为人才集聚提供高质量服务。

需要强调的一点是,市场机制在资源配置方面并非万能,对人才资源的配置也不例外。市场主导型人才集聚区集聚水平较高,如果该地区在集聚发展过程中,由于对人才的引力不断增强而导致集聚程度无限度增加,便会造成集聚相对过度,产生非经济性效应。因此,政府在提供全面服务的同时,还应把握集聚的"度",调控局部地区人才集聚过快发展与过度膨胀。

在政府指导与资源引导相结合型人才集聚地区,尤其是政府重点辅导型地区,迫切需要地方政府定位于扶持指导型。对于人才集聚水平较低的地区,政府的"指挥棒"关系全局。人才集聚初期应适当加大地方政府的介入力度。市场自动选择的长期性使得关键性人才集聚的发展对发展中国家来说变得痛苦而漫长,要摆脱资源和要素短缺的束缚,实现经济发展的赶超和关键要素的集聚,单纯依靠市场机制的作用在短时期内是不可能实现的。因此,政府的指导,甚至是重点辅导对于我国人才集聚基础薄弱的地区来说至关重要,政府职能的发挥不可替代。

需要强调的一点是,虽然经实践证明,这种职能定位对于实现落后国家的赶超具有积极作用,但运用政府的力量人为造成特定人才的地理集中,创建全新集聚区完全忽视了市场力量,违背了经济发展规律,长期来看,结果将是无效的,典型的例子是日本筑波。因此,在人才集聚成长、演化过程中,注重地方政府指导作用的同时,不能够背离市场的基础性调节作用,更不能剥夺人才自主选择的权利。随着人才集聚水平的提升,政府的直接干预在人才流动、创新机制等方面都将不再具有优势,促进作用将逐渐减小,此时,地方政府需要启动退出机制,逐步向全面服务型职能过渡。

综上所述,地方政府的职能定位是否符合各地区人才集聚发展的实际状况,对各地区人才集聚的进一步发展意义深远。地方政府只有摆正自身位置,才能明确该做什么、不该做什么、做到什么程度最佳,才能在人才集聚工程中有所作为。

第二节　东、中西部人才集聚对行业收入差距和就业影响的比较

根据我国目前的人才集聚发展程度,不论是在人才集聚水平较高的东部地区,还是在集聚水平相对较低的中西部地区,人才集聚水平提高会带来一定程度上失业率的上升及行业收入比的下降,即人才集聚的发展会带来一定程度的就业压力,并能够缩小行业收入差距。

相对于东部地区,中西部地区人才集聚水平的提高对就业和行业收入差距的影响更为显著,即中西部地区人才集聚水平的提升对本地区的就业压力更明显,同时能够更有效地缩小行业之间的收入差距。

我国人才集聚从整体上呈现出无序及不均衡的状态,人才大量集聚在少数几个地区,其他多数地区的人才集聚水平大大低于全国平均水平,中西部个别地区的人才集聚基本上是空白。我国正处于人才集聚发展的初级阶段,还未形成良性有序的人才流动,与发达国家成熟阶段的集聚局面相比,集聚效应的发挥程度及表现形式均有较大差异。

首先,目前,无论是东部地区,还是中西部地区,均处于人才集聚的初级发展阶段。随着集聚水平的提高,局部人才密度上升,加上人才流动缺乏合理规划,"扎堆"现象明显,在目前就业压力依然不小的情况下,人才的非理性集聚会造成一定程度上的就业压力。在不远的未来,随着人才集聚的发展步入中高级阶段,人才的流动渠道会更加畅通,人才作为一种要素资源将真正实现高效率配置,并与经济发展的需要同步协调流动并集聚,那么随着集聚水平的提升,经济体活力的增强,就业会随之增加。

其次,随着人才逐步在特定行业中集聚,特定行业一般是高技术及高收入行业,高收入行业中的人才将不再稀缺,因而收入水平会有所下降。人才的集聚会使整个地区的发展受益,低收入行业的发展也会从中得到好处,收入水平得以提高。最终结果是伴随着人才集聚水平的提高,行业收入差距呈现出逐步缩小的趋势。

最后,我国东部地区与中西部地区人才集聚水平的差异是客观存在的,并且差距较为明显。因此,人才集聚水平的提高对两大地区的影响程度也必然会存在差异。从整体上看,中西部地区的集聚水平大大滞后于东部地区,处于刚刚起步阶段,集聚基础异常薄弱,而东部地区的人才集聚已初具规模,个别地区的集聚程度甚至超越全国平均水平的数倍。根据边际效益递减规律,东部地区人才集聚的边际效应小于中西部地区,即中西部地区人才集聚水平的小幅提升会产生相对较大的影响,因而中西部地区人才集聚水平的提高对就业和行业收入差距的影响更为显著。

综上所述,我国人才集聚的发展存在明显的区域化现象,最大最明显的差异是东部和中西部两大地域之间的差异。随着人才集聚向纵深发展,其综合效应已经初步显现,需要对人才集聚工程进行更系统的规划与指导,从而更好地发挥其经济效应和正向社会效应。

第三节 欠发达地区的人才集聚陷阱

一、欠发达地区的人才集聚陷阱

通过分析人才集聚与经济发展水平的互动关系,不难得出以下结论:如果某地区的经济发展水平在整个经济体中处于落后状态,即为欠发达地区,那么该地区对人才的吸引力减小,人才流失量增大,人才含量低于整个经济体的平均人才含量,导致人才集聚水平降低;而人才集聚水平的相对落后使得该地区的经济增长速度缓慢,使得该地区的经济状况相对于平均水平进一步降低,经济地位进一步下滑,该地区吸引与保持人才的能力因此变得更差,最终导致该地区的人才集聚水平进一步恶化。如此这般,欠发达地区的人才集聚与经济发展就会陷入恶性循环,这种恶性循环被称为人才集聚陷阱。通过图2-3,可以直观地把这一循环表现出来。

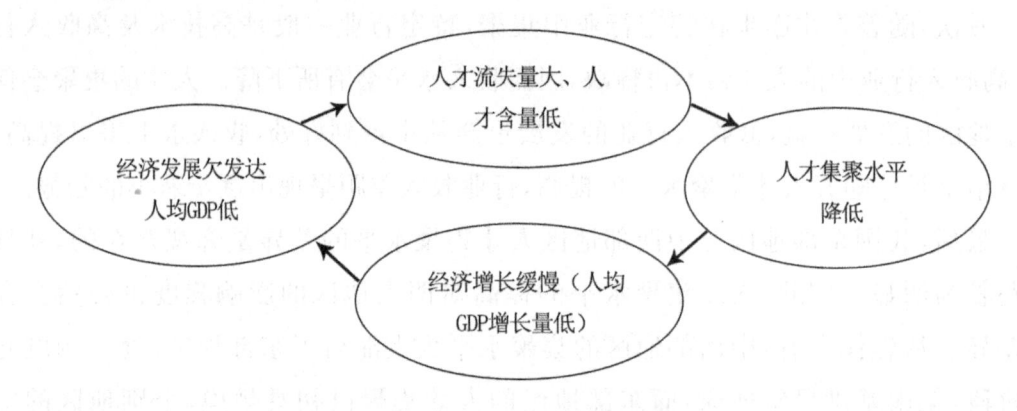

图 2-3 人才集聚陷阱图

之所以将以上循环称为"陷阱",是由于环形路线中难以找到突破口,如果地区自身缺乏调整机制,在短时间内便难以从这种恶性循环中摆脱出来,最终导致经济发展与人才集聚两项水平持续不断地降低,犹如掉入了泥潭,越挣扎则陷得越深。欠发达地区之所以各方面发展都难有起色,主要原因在于极易落入"一处差,处处差"的陷阱之中,难以自拔。因此,急需建立欠发达地区的陷阱突破机制,通过外部力量的介入,提供螺旋上升发展的基本动能,尽快找到突破口,扭转经济发展与人才集聚双差的不良局面。

二、欠发达地区人才集聚的对策建议

(一)政策调节的必要性

一方面,新时代的人才集聚已经摆脱了"历史偶然"和"自强化"的恶魔,政策变量和工具不但可以促进人才集聚进程的有效性及稳定性,还可以创造人才集聚的初始条件,塑造随后的人才集聚螺旋强化。因此,政策变量的作用不容忽视。

另一方面,人力资本投资所形成的健康、知识、技能以及由知识技能的运用带来的创造发明、改良创新等,不仅会使人才本身从中受益,还会使周围的人及整个社会受益。人才创新、发明等所获得的边际收益仅包括个人及其家庭所获得的收益,而社会的边际收益则远远大于人才个人的边际收益;而成本方面,"搭便车"的受益者并不需要向发明者支付成本,造成私人成本与社会成本的不一致。由于人才本身所蕴含的人力资本的效用发挥具有明显的正外部效应,在某种意义上,人才便成为"半公共物品",而市场在公共物品的配置上并非高效,存在一定程度的市场失灵,在存在人才集聚陷阱的欠发达地区尤其严重。因此,迫切需要地方政府制定相关制度、政策进行调节,最大限度地弥补市场失灵的缺陷。

总之,在目前的集聚水平基础上,欠发达地区的人才集聚不会完全自发形成,需要政府职能定位于战略指导型,紧密结合各地区实际,大胆进行制度创新,摸索出一套适合本地区人才集聚实际的指导模式,并在运作过程中不断调整完善。

(二)人才集聚陷阱的突破口

在经济发展与人才集聚两者身上难以找到突破口,需要脱离这个循环体系,在其外部寻找新的动力源,打破恶性循环。突破口是通过"外部输氧"逐步建立起"自我造氧"机制,动力引擎应该是定位于战略指导型的政府,政府作用的发挥力度与技巧关系着欠发达地区人才集聚工程的成败。

欠发达地区由于自身经济实力的限制,短期内无法构建适宜的集聚环境,因此,在充分考察各地区实际、尊重经济规律的基础上,应由各地政府牵头,多方合作,共筑集聚平台。

(三)对策建议

我国欠发达地区的人才集聚面临着巨大挑战,考验着政府的施政智慧和持之以恒的决心,应本着因地制宜、经济实用的原则,在尽量节约集聚成本的基础上,最大化集聚收益。

1.拓宽人才基地建设筹资渠道,建立多元化投资格局

欠发达地区资金缺乏,国家财政拨款在今后很长一段时间将仍然是这些地区建设人才集聚平台的重要资金支持,但仅靠国家财政支持,融资渠道难免有些单一,资金量也会受到限制。可以通过发行教育股票的方式,增加高校的股东身份,使高校获得较为充裕的教育发展资金,为教学科研及引进人才创造良好条件。欠发达地区通过教育体制改革,与高科技企业强强联合,提高高校的成果转化率及股份收益,一举两得。

另外,通过加大教育彩票的发行,并将彩票收益转移支付给欠发达地区,缓解资金不足的矛盾。应尽快制定相关政策,发行用于中西部贫困地区和少数民族地区的多种面额的教育彩票,扩大宣传,使教育彩票的形式深入人心,运作形

式可以借鉴体彩的成功经验,坚持不懈地运行下去,实现良性发展后,定能成为中西部欠发达地区聚才的帮助。

2. 刚性引才让位于柔性引才,不求所有,但求所用

刚性集聚要求人才的所有权和使用权同时拥有,是一种理想状态,对区域人才竞争力的要求较高,且有限的人才资源也限制了刚性集聚的能量发挥。

柔性集聚不追求形式上人才数量的增加,着重于经济和社会发展中人才资本投入的实际增加,适用于欠发达地区。在人才绝对拥有困难的情况下,放弃刚性集聚,只求"人才为我所用",使得生产中的实质性人才资本得到扩张。欠发达地区可以根据自身的实际情况,采取兼职、季节性短期工作、契约化合作开发和技术咨询、技术承包、成果转让等多种灵活方式引进人才智力。

另外,欠发达地区应结合自身实际,适当降低人才进入的门槛高度,以吸引潜在人才进入。已出成果的人才固然需要引进,但潜在人才的引进成本相对较低,引进后创业更有激情,如果给予一定平台,出成果的可能性很大。

3. 营造区域特色经济竞争优势,依托优势产业项目聚才

区域特色经济依据比较优势和地方资源优势逐步发展起来,具有独特性和不可替代性的特点,特别是对中西部欠发达地区,发展区域特色经济成为比较现实的战略选择。一方面,依托特有资源,发展特色经济,构建政府指导与资源引导结合型人才集聚模式是中西部欠发达地区集聚人才的捷径。

另一方面,依托优势产业项目聚才也是一条捷径。项目是一个地区经济社会发展的推动器,也是聚集技术、人才的强磁场。欠发达地区依托本地特色产业的优势,与发达地区进行项目合作,各取所长进行互补合作。欠发达地区利用自身不可替代的特色环境、资源以及优惠的创业政策等,与另一方的人才、技术、资金优势相配合,共同进行项目研发。通过项目合作,欠发达地区借鉴外来人才的新思想、新理念、新技术,也可以起到培养本地人才的作用。

通过区域特色经济及优势产业项目集聚人才,搭建欠发达地区与外界沟通的桥梁,使人才集聚与区域经济发展形成互为依托、互为促进、相辅相成的良性循环关系。

4. 创办高新技术产业开发区,优化人才创业环境

高新技术产业园区是中西部欠发达省份培育和发展高新技术产业的主要阵

地,西安、成都、兰州和昆明等地区的高新技术产业园区已经成为本省经济发展的亮点。高新技术产业开发区的迅猛崛起,充分发挥了吸引人才的"磁石效应"。

良好的创业环境是集聚人才的关键。尽管中西部欠发达地区的整体创业环境在短时间内难以迅速改观,但通过创建高新技术产业园区,受"园区效应"的辐射,周围的创业环境已然有了较大改观。高新区制定一系列吸引各类人才创业的优惠政策,比如,放宽人才创办企业条件,在高新区设立公司对经营范围不做核定,高新技术成果可作价入股,企业发展到一定规模需要贷款的,还可以获得一定的贷款贴息。设立高级人才创业基金和高级人才创新奖励基金等。这些优惠政策的实施,降低了创业门槛,减轻了创业初期的困难和人才的后顾之忧,对人才的集聚有明显促进作用。

5. 全面改革人才管理体制,清除人才流动壁垒

科学而健全的人才管理体制关系到人才在集聚后能否在集聚地扎根和发挥"领头羊"作用。因此,欠发达地区在人才管理体制方面应大胆革新,尽快打破人才归部门单位所有的现状,落实用人、择业自主权,允许人才在一定范围内合理流动。鼓励科研机构和高等院校推行固定岗位和流动岗位、专职与兼职相结合的人才使用办法,科技人员在完成本职工作的前提下,可兼职从事研发及推广工作。实行聘约化管理,破除专业技术职务终身制,尤其要防止"近亲繁殖"与排外行为,逐步形成人员能进能出、职务能上能下、待遇能升能降、利于优秀人才脱颖而出,公开、公平、公正,充满生机与活力的用人机制。

欠发达地区还存在诸多阻碍人才流动的壁垒,最典型的两个壁垒是户籍束缚和社保账户的难以流转,这两大壁垒在相对发达的地区同样存在。

就户籍制度的改革问题,诸多学者发表了自己的观点,观点差异性比较大。崔建华提出,对大城市及特大城市应适度放开,基本的准入门槛不能放弃;对中等城市应灵活放开,户口可以随人灵活迁徙;对农村小城镇的户籍管理应全面大胆放开,实行适时的身份登记制度。针对各种专业人才,国家应制定统一针对专业人才的流动户籍管理办法,促进他们在全国范围内合理流动,并为将来建立全国性的人才市场打下坚实基础。崔建华的观点有可借鉴之处,户籍改革必须强调多样化,即应根据不同地区的不同状况,因地制宜地进行,不能搞一刀切。针对欠发达地区,由于地区吸引力较低,适度放开省会或其他重点城市的户籍制度不会造成城市人口的大规模机械增长。将省会或重点城市的优惠落户政策作为

吸引周边及本地农村户籍人才的重要举措,并与适度优惠的购房政策相结合,降低定居成本,与东部发达地区较高的定居及生活成本相比形成比较优势,欠发达地区的区域综合吸引力便会大幅度提高。

在目前阶段,社会保障体系的完备性固然重要,更为重要的是社保账户的可转移性。人才是流动的,与之相对应的社保账户也应实现随人流动,并尽量降低各地区社会保险水平的差异,真正实现社会保障由"地方粮票"变"全国粮票"。但现状是,外出打工的农民工的社保账户还未能实现自由迁移,农民工在变换工作地点的同时出现了大规模退保的现象。无奈的退保不但使广大农民工无法提取到用工单位缴纳的社会保险金,社会保险制度也会因此而失去保障的功能,对我国整个社保体系的建设与完善危害巨大。专业人才的社保账户则与档案牢牢挂钩,转移程序复杂,档案管理缺乏机动灵活性。《社会保险法》草案向社会广泛征求意见,将养老保险、医疗保险等社保账户的转移问题列入议事日程,并集思广益寻求更便捷的改革办法,力争实现社保账户的全国统筹。关键问题是,在未实现全国范围统筹之前,应针对人才流动中的社保问题制订若干可操作性强的过渡措施,做好同一人才在不同地区社保账户的接洽,尽量减少前期缴费账户因流动带来的损失,从而真正解除人才流动的后顾之忧。

6. 加强外来人才与本地人才的交流合作,在团队配合中提升本地人才实力

欠发达地区花费大量成本引进的人才必须充分发挥其在各领域的关键性作用,否则便是巨大浪费。以引进的重点人才为核心,为其配备科研团队,并适当加大团队中本地中等水平的人才比重。通过核心人才作用的发挥,带动整个团队科研水平的提升,本地的初、中等人才在团队锻炼中提高自身能力与水平,实现"以点带面"的良性扩散效应。

由于欠发达地区的实力有限,人才引进切记不可好大喜功,要把握实用原则。暂时用不到的人才先不引进,急用的人才也要有选择地引进,引进后不能让其孤军奋战,应迅速组建以本地人才为主体的团队,加强外来人才与本地人才的交流合作,使外来人才快速适应当地环境,发挥自身潜能。团队战略是一条低成本、高效益的集聚之路。

总之,以上针对欠发达地区人才集聚的对策建议的贯彻实施需要中央及地方政府大力支持,并在运行过程中进行严密监控和重点引导。各级政府在

明晰自身的角色定位的基础上,运用科学手段对人才集聚进行大力牵引,使欠发达地区尽快走出人才集聚陷阱,走上人才集聚与经济增长相互促进的健康发展之路。

第三章

产业集群的人才集聚效应理论与实证

第一节　产业集群的理论研究概况

一、产业集群概论

由于各国学者的研究视角不同,产业集群的相关研究呈现出百家争鸣之势。本节对目前学术界中有关产业集群概念、发展机理最具代表性的研究成果进行了介绍。

(一)产业集群的概念和特征

1. 产业集群的概念

100多年前英国著名经济学家马歇尔提出了产业区的概念。贝卡特尼在《地区优势》一书中将"产业区"定义为"社会边界所限定的集团","其特征是社区的人们和企业的员工均积极参与到某个自然及历史形成的地域之中"。此后,哈佛大学波特教授首次使用"集群"一词来描述这种现象并得到广泛认同。之后,集群不仅是一个理论上的概念,而且正成为诸多国家发展区域经济时侧重的重要政策工具,如用于促成中小企业创新集聚活动的政策制定等。20世纪90年代,OECD(Organisation for Economic Cooperation and Development,经济合作与发展组织)为此成立了专门的集群政策研究小组 Focus Group(焦点小组)。按照该小组的观点,"集群"就是"由强烈地相互依赖的企业通过一条增值的生产链联结而成的生产网络"。值得一提的是,来自 OECD 的专家们甚至将"经济集群"等同于小范围的创新系统。

波特认为,产业集群是在某一特定领域内互相联系的、在地理位置上集中的公司和机构的集合。产业集群包括一批对竞争起重要作用的、相互联系的产业和其他实体。产业集群经常向下延伸至销售渠道和客户,并侧面扩展到辅助性产品的制造商,以及与技能技术或投入相关的产业公司。产业集群包括提供专业化培训、教育、信息研究和技术支持的政府和其他机构。J. A. Theo,Rolelandt 和 Pimden Hertog 对产业集群的定义是:为了获取新的互补技术、从互补资产和知识联盟中获得收益、加快学习过程、降低交易成本、克服或构筑市场壁垒、取得协作经济效益、分散创新风险和相互依赖性很强的企业(包括专业供应商)、知识生产机构(大学研究机构和工程设计公司)、中介机构(经纪人和咨询顾问)和客户通过增值链相互联系形成的网络,这种网络就是群。

基于上述产业集群的定义,本书采用波特对产业集群的定义,即认为"产业集群是在某一特定领域内互相联系的、在地理位置上集中的公司和机构的集合"。

2. 产业集群的特征

伊萨克森通过对各国的案例研究,将区域内成功的产业集群的特征总结为以下几点:

(1)一个或多个产业形成专业化

即在有限的地域(通常是劳动力市场区域内)有大量的企业和员工集中于某一特定产业集团,其中很多企业是由当地所有的。

(2)拥有本地内生的网络

产业集群所在区域内的企业通常以生产系统的形式构成本地化网络。生产系统大量采用分包方式,在处于同一生产阶段的企业间进行横向合作。此外,企业不仅彼此购买零部件,也通过网络中的学习互相联系,如共同开发产品,因此创新的过程也是同一产业链上的企业相互学习的过程。集成的供应链已成为企业之间产生知识、传播知识及解决方案的一种机制。网络内的沟通规则、"社会亲近"和恰当的机构在特定区域的集聚对于企业间的成功合作非常重要。

(3)有本地化的研发和教育机构

如技术中心、专业化的服务中心、大学等,这些机构围绕主导的区域集群而分布,使得创新在一定程度上有正规的科学基础。

(4)胜任的劳动力

企业及集群的能力体现在就业者的能力上,因此营销、管理、战略等能力与技术能力同等重要;拥有研发能力与拥有其他不太正式的、经验性的能力同样重要。

(5)拥有融资渠道

金融机构谙熟相关产业甚至每个企业的情况,并能为企业提供金融服务。

(6)企业之间以及企业和其他组织之间的合作构成区域系统

区域经济的基础建立在特定的社会和文化条件上,能产生相互信任和共同愿景、适宜的"会议场所"、非正式的经验和思想交流,这点在硅谷特别明显。

(7)与知识环境无处不在的联系

获取补充本地竞争能力的知识和技能供给渠道,若不能接受外界的动力和能力,企业将被锁定在老技术、老产品和老方案上而失去技术升级和产品开发的外在激励。

(8)具备创新能力

为具备在全球产品系统市场的竞争力,区域集群须有高水平的创新。本地化的产品系统使生产企业高度专业化,使得各企业能专注于核心活动,而让邻近企业做辅助性工作。由于在相对很窄的领域内所形成的高水平专业化企业群,提供了发掘新的低成本方案的机会,易于成为研发机构和供应商所需求的客户和伙伴,也易于带来渐进性的创新。相关经验和能力的积累使得创新企业大量出现,而本地企业的企业家精神进一步刺激了创业和创新。

(二)产业集群的形成与发展机理

国外学者们对产业集群的形成动因提出了各种理论,从不同的视角对产业集群的形成与发展机理做了深入的研究与探讨。

外部经济理论。早在19世纪末,马歇尔就提出了以外部经济概念为特点的产业集群理论。在马歇尔看来,产业集群形成主要有三个原因:众多企业集中于特定的区域提供了具有专门技能的劳动力市场,节约了劳动力搜寻成本;辅助性工业的存在降低了生产成本,可以支持更为专业化的生产;信息的溢出可以使聚集企业的生产效率高于单个的分散的企业,特别是通过人与人之间的关系促进了知识在该地区的溢出;协同创新的环境也促进了中小企业集群的发展。

聚集经济理论。Weber在1909年出版的《工业区位论》一书中,把区位因素分为区域因素和聚集因素。他认为聚集可以分为两个阶段:第一阶段仅通过企业自身的扩大而产生聚集优势;第二阶段是各个企业通过相互联系的组织而集中化,形成最重要的高级聚集阶段,这就是所谓的产业集群。在他看来,产业集群的要素有四个方面:即技术设备的发展使生产过程专业化,而专业化生产部门更要求产业的聚集;劳动力的高度分工要求完善的灵活的劳动力组织,劳动力组织有利于聚集的发生;聚集可以产生广泛的市场化;批量购买和销售降低了生产成本,提高了效率。

增长极理论。Perroux 在分析经济在空间上的非均衡增长时,引入了"推动性单位"和"增长极"的概念。增长极是集中了推动性单位的特定区域,同时它具有极化效应和扩散效应。极化效应又称聚集效应,是指因生产分布的不平衡发展导致的包括生产在内的各种经济活动日益集中在少数增长极上的现象。其产生的根据是那里具备较强的科技力量,较好的基础设施和协作条件,资金比较充裕,信息传递速度较快,有集中的消费市场,从而吸引众多企业聚集在特定区域内。极化效应加强了增长极的竞争力,推动了增长极的形成和壮大。而扩散效应是指在工业化过程中所出现的一些企业或城镇向外扩散的现象。

交易成本经济学理论。交易成本的概念最早是由科斯提出的。威廉姆森等人在科斯交易成本理论的基础上,又提出了人的有限理性和机会主义行为、资产专用性等观点,并于 20 世纪 70 年代中期逐步形成了交易成本经济学理论。威廉姆森在其 1975 年出版的《市场和等级组织》中认为:在介于纯市场组织和纯层级组织之间,存在大量的不同种类的中间性组织,而企业选择不同的企业组织形式,是组织本身从效率的角度内生性决定的,目的是使交易成本最小化。产业集群这种中间性组织形态的形成就是为了获得一种使交易成本最低的制度安排。

新产业区理论。Piore 等提出了产业区理论,认为地理邻近性不一定是竞争优势的充分或可测度条件,强调意大利式的信任和灵活(或后福特制)的生产系统,从而开创了从环境的视角研究产业集群的方法。新产业区理论的核心是假定纵向分化和生产组织的关系是相互的,一方面在某一地区产生经济聚集的网络经济分化出现(如硅谷);另一方面这些区域生产系统促进了生产的进一步分化和劳动的进一步分配。外部规模经济和范围经济可促进这一过程,新技术的出现特别是柔性生产技术使企业可实现小批量生产,外部规模经济通过改善企业与当地的劳动力市场和制度间的交流使自身进一步得到促进。该理论认为技术创新常局限于特定地区,即创新过程的地理空间。在高科技部门,知识以专业化的技术进步为基础,通常表现为高度的空间聚集。此外,这些部门与企业间联系的渠道是创新扩散所必需的知识。Saxenian 把产业区看作"关系网络……涉及项目导向型的适应性生产模式","高流动性的劳动力和熟练工人群体可以迅速组合在一起。他们为一个项目而结合起来,在好莱坞是一部影片,在硅谷是一个新企业。这个系统充满灵活性和适应性,关于新市场、新技术的信息迅速流动着"。

新贸易经济学理论。该理论涉及产业集群的理论主要有 Krugman 基于规模报酬递增的中心—边缘模型。他的研究结果表明一个经济规模较大的区域,由于前向和后向关联,会出现一种自我持续的制造业集中现象,经济规模越大,产业集中越明显,"中心—边缘"结构的形成取决于规模经济、运输成本和区域国民收入中的制造业份额。

新竞争优势理论。Porter 认为决定一国或一个地区产业竞争优势的四个因素是:市场需求、生产要素、相关支持产业及同行和替代产品竞争者。他认为地理上的集中可使上述因素产生相互增强的作用,有利于产业和企业竞争优势的形成。Porte 通过观察发现,国家或区域内成群的企业在同样业务中会做得更好,如德国的化学工业、瑞士的制药业等都是这种企业集群的典型例子。

新经济增长理论。该理论强调主导企业的技术创新对产业集群的关键起重要作用。Lundvall 和 Freeman 认为,地理集中通过信息交易、知识外溢等方式来支持创新发展。由于地理毗邻,因此通过区域内部的交易能获取信息、交流观念和分担成本,从而发挥单独定位所不具备的"集体"优势。同时,各个企业又能保持原有的灵活性和自主性。集中化创新环境是创新过程的必要条件。Baptista 认为,当创新所需的资源可在企业内部找到时,对创新者而言当地的生产环境一点都不重要。然而,如果没有足够的内部资源,激进创新与创新环境就密切相关。Maillat 认为,技术发明事先假设环境是创新所必需的条件,资源的集成和动用产生新型生产组织,企业不再是孤立的,而是通过与其他企业、私人培训研究中心、技术转移中心和行政当局建立合作伙伴网络来创造创新环境。

在国外学者研究的基础上,国内的许多学者也从不同角度对产业聚集现象进行了研究。

叶建亮从知识溢出角度分析产业聚集现象。他认为知识溢出是导致产业集群的重要原因,它不仅决定了集群的规模,也影响集群组织内企业的生产函数。他认为知识溢出还导致集群内部产品的类同和恶性竞争的发生,知识产权的保护并不是制止恶性竞争的有效手段。宁钟的集群研究也属于这类研究,他认为企业集群存在进入、退出、劳动力市场、技术溢出及需求的动态变化等问题。他把空间经济因素引入技术追赶模型,分析了技术追赶、吸收能力和人力资本积累之间的关系,并对国家光电子信息产业进行了分析。

陈雪梅提出了企业群的三种形成方式:由资源禀赋和制度文化而形成的意大利企业群;由大企业改造和分拆而形成的克罗地亚企业群;由跨国公司对外投资形成的中国香港金融企业群。并认为企业群的形成原因中内生原因是主要的。

石忆邵则将企业集群崛起概括为五种机制:①人文环境的传导和更新机制;②企业群落和市场群落的协同互动机制;③可选择的并联耦合机制;④价值链与技术传递链的整合机制;⑤地方政府的扶持推动机制。

王缉慈系统地概括了产业集聚理论与新产业区理论,并指出培养具有地方特色的企业集群,营造区域竞争环境,强化区域竞争优势是增强国力的关键。她分别讨论了高科技产业与传统产业的集群,同时讨论了产业集群与区域创新的关系。

刘军国在产业集群形成机制方面进行了较为有说服力的研究,他认为产业集聚是报酬递增的加速器,集聚降低了交易费用,促进了企业协作,形成了报酬递增和分工上不断深化的机制,从而使集群具有不断自我完善的机制。他把协作纳入报酬递增理论体系,构建了报酬递增的微观机制模型。

盖文启较为系统地研究了区域创新网络,他系统地构架了区域创新网络的一般理论。他运用规模经济和范围经济、交易成本、竞争优势、创新等理论建立了区域创新网络理论体系,并利用这些理论体系来解释产业集聚和新产业区创新网络的发展。他还讨论了同一产业或相关产业中柔性专业化企业的聚集问题,并指出这些企业因降低交易成本、获得外部经济、增强创新功能,对区域竞争力产生了重大影响。

陈剑锋从产业集群与经济发展关系的角度分析,认为产业集群是生产网络、知识网络和社会网络的融合。产业集群治理结构创新是价值链治理和网络治理的互动,社会资本促进产业集群的形成与发展,而产业集群中社会资本的价值决定了产业集群的竞争优势。

朱方伟等从产业集群的核心要素角度出发,提出了从传统产业集群到高技术产业集群的发展是围绕生产要素而演进的规律,并分析了演进的动因。

朱嘉红和邬爱其从焦点企业成长新视角出发,提出集群演进是一个由焦点企业主导的成长过程,在焦点企业与供应商、供应商与供应商之间的关系方面演化出四个不同成长阶段,不同的企业家能力与各阶段相匹配。焦点企业核心能力的不可模仿性和关系网络的嵌入性,以及企业家能力的动态演进特性,都会导致集群模仿失败。

二、产业集群的集聚效应

集聚是一种常见的经济现象,资源总是向最有效率的地方集聚,从而导致各种产业和经济活动在特定空间上的集中。集聚效应反映出各种产业和经济活动在空间上集中产生的经济效果及吸引经济活动向一定地区靠近的向心力。产业集聚是市场经济条件下工业化进行到一定阶段后的必然产物,是现阶段产业竞争力的重要来源和集中体现。从国际上看,产业集群就是工业化进程中由产业集聚导致的区域经济现象。而人才集聚则是指人才由于受到某种因素的影响,从各个不同的区域流向某一特定区域的过程。

产业在地理区域上的集聚现象,很早就引起了著名经济学家马歇尔的关注,他从规模经济和外部经济的角度研究了产业集群现象,提出产业集群是企业为追求共享基础设施、共享劳动力市场、知识溢出等外部规模经济而产生的聚集体。劳动市场共享、专业化投入品和技术服务、知识溢出是导致产业集聚的主要原因,而产业区内集聚了许多潜在的劳动力需求和潜在的劳动力供应,形成了一个供需畅通的共享性专用劳动力市场,使企业节约了劳动力要素成本、搜寻成本、培训时间及搜寻时间,完成了企业集聚活动,它是该企业成长和该区域发展的重要原因。

工业区位经济学家韦伯从微观企业的区位选择角度对产业集聚进行了深入研究,他最早提出集聚经济的概念,将区位因子分为地方因子和集聚因子:地方因子使工业固定于一定地点,如趋于使运费最小或劳动成本最小的区位;集聚因子使工业趋于集中或分散,如相互分工协作或地价上涨等。韦伯将产业集聚归因于企业决策者将集聚所得的利益与因迁移而追加的运输和劳动成本进行大小比较后的结果。

　　法国经济学家佩鲁提出增长极概念,指出各种企业的建立"在地理上是分散"的,并形成各自的一定的势力边界。空间是一种"受力场",只要在某种客体之间存在抽象的联系结构,就存在空间。经济空间是"存在于经济要素之间的关系",其着眼点是经济联系。在经济活动中各活动单元都创造它们自己的决策和操作的抽象空间,并产生一种推进效应,这种推进效应是某种确定的多种效应的集合。增长极通过集聚和扩散效应,影响和带动周边地区和其他产业的发展,但在发展的初级阶段,集聚效应主要表现为对周围地区资源的"虹吸","虹吸"效应大于扩散效应,增长极在就业机会、工资待遇、工作环境等满足的程度上吸引着人才的流入,从而形成产业和人才的集聚。

　　弗里德曼的核心—边缘理论认为,任何一个国家都是由核心区域和边缘区域组成的。核心区域是城市集聚区,由一个城市或城市集群及其周围地区所组成。区域经济发展具有四个阶段,对应的要素空间组织也表现为四种形式:工业化前期,要素流动较少,区域彼此孤立,缺乏相互联系;工业化起始阶段,边缘区的要素大量流入核心区,核心区与边缘区经济发展的差距拉大;工业化成熟阶段,核心区要素开始向边缘区扩散,边缘区开始出现次中心,核心区与边缘区的差距开始缩小;后工业化阶段,要素在整个区域内全方位流动,边缘区次中心的发展达到与原中心区相等的规模,边缘区消失乃至空间经济出现一体化。工业化起始阶段,经济权力因素集聚于核心区,技术进步、高效的生产活动及生产的创新等也都集中在核心区,核心区在区域经济增长过程中居于统治地位,具有资源节约利用和经济持续增长等特征,工业发达、技术水平较高、经济增速快、资本集中、人口密集、就业机会多。边缘区在发展上依赖于核心区,两者之间存在不平等的发展关系。核心区可以从边缘区获取剩余价值,使边缘区的资金、人口和劳动力向核心区流动的趋势得到强化,产业和人才向核心区集聚,构成核心区与边缘区的不平等发展格局。

　　波特在《国家竞争优势》中首次使用产业集群一词对产业的集聚现象进行分析,在考察了十几个工业化国家后他发现,产业集群是工业化过程中的普遍现象,所有发达经济体中都明显存在着各种产业集群;他还认为产业集群中众多的机会和成功故事,对于吸引优秀人才集聚起到重要作用,并以意大利萨索洛地区瓷砖产业为案例,分析了产业集群的成长繁荣如何吸引有技术的工人和工程师涌入成功的企业中工作。

克鲁格曼等人的新经济地理学认为,制造业之间有上下游联系的产业如果能集聚在一起,则能减少中间投入品的在途损耗、缩小运输成本,从而降低中间投入品的价格,因此厂商有内在的冲动集聚在一起共同分工协作。最初可能是由于历史与偶然因素,某公司在某地崛起,在这个地方便产生了对劳动力有巨大吸引力的就业机会、发展机会和较高劳动力要素报酬,而经过训练的有专业知识和技术的工人的大量集中又是其他雇主所寻找的,劳动力供给与需求在此地的结合成为早期企业"扎堆"的源泉,从而促进企业依据专业分工、经济交易和特定的社会环境基础,在一定区域集聚并形成了有机协同关联的一种复杂适应性系统,由此形成了产业集群。产业集群是集聚而成的,就必然存在着内在的向心力以保持集聚动力和凝聚力,而随后由于路径依赖和累积因果效应,产业集群不断得到强化和壮大。

Audretsch 和 Feldman 认为一个地区的激烈竞争也是吸引新企业加入的动力。产业集群一旦形成,就会通过其优势将有直接联系的物资、技术、人力资源和各种配套服务机构等吸引过来,尤其是吸引特定性产业资源或要素。王缉慈等也指出,产业集群是某些(或某一)产业的资本、劳动力、技术和企业家有组织地集中在一起,成长能力非常强,市场发展十分迅速。产业集群具有集聚力量,会吸引区域外的技术、资本和劳动等经济资源向产业集群集中,这将进一步增强地区经济实力,提高地区的经济增长速度。因此,产业集群必然对集群外企业和组织非常有吸引力,相关企业和组织如果有条件一定会向集群地区迁移。

克鲁格曼进一步用"中心—外围"理论,如图 3-1 所示。在不完全竞争和规模报酬递增的前提下,用规范的数学模型分析了企业规模经济、市场外部经济、交易运输成本、工资等相互作用所决定的制造业的集群动态过程,阐明了集聚经济会从规模经济、运输成本和要素流动这三者间的互动中产生。当运输成本较低时,即使一个地区制造业部门(现代化部门)的规模比另一个地区的制造业部门哪怕是大一点点,其制造业部门也会随着时间的流逝不断扩大,而另一个地区的制造业部门会不断萎缩,从而最终形成所有制造业都集中在一个地区的"中心—外围"模式。而且如果制造业部门较大,则供给和需求可以分别产生显著的前向关联和后向关联,由此形成的向心力就足以在较大范围的运输成本水平上维持集中均衡,从而使"中心—外围"模式得以持续。制造业向特定地域的集中,实际上反映了工业化发展的区域不均衡现象,一些地区在工业化过程中,会因集聚水平的提高,不断放大集聚效应,这其中自然包括人才的集聚。

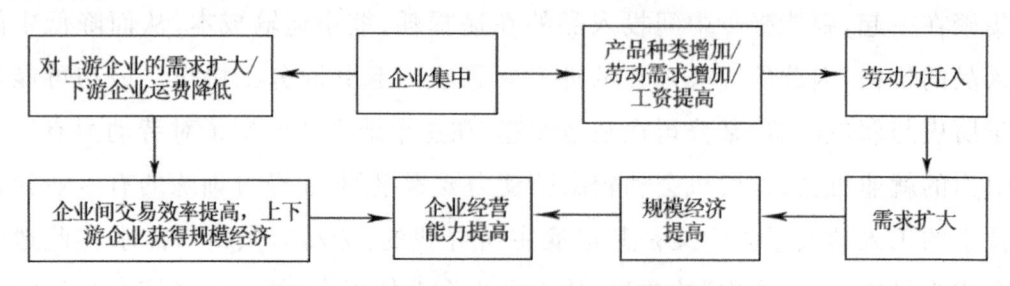

图 3-1 克鲁格曼产业集群的双重循环模式

资料来源:陈柳钦.关于产业集群竞争力的主要理论述评.学术交流与动态,2006(12):20-32.

于永达提出的集聚优势理论认为,集聚优势是以优势资源的自由流动为物质基础的,没有优势资源的自由流动,集聚优势就无从实现。一种经济资源往往与其他资源组合流动,如人力资源同时承载物资、资金、信息等资源,同样,资金流动的同时也是人力资源、物资产品、知识信息等资源的流动。

Chatterjee指出,集聚经济成为吸引大量人员涌入某一地区的强大力量,最初的群体由于具有吸引其他业务和家庭的因素,使一个仅在自然资源的某一方面有轻微优势的地区,成为一个拥有多种商业和家庭的集聚中心。Duranton和Puga认为城市集聚经济的微观基础是共享、匹配及学习。企业集聚在城市中可以共享不可分割的产品或设施,分享多样性和城市专业化带来的规模效益递增和分享风险等。大量企业和人口集聚在城市中显著提升了相互作用的匹配质量、匹配机会,以及减少了等待问题,从而降低了成本。城市里的学习效应是非常显著的,这是因为城市促进知识创造、知识扩散及知识积累。

Toulemonde和Eric从新经济地理角度出发建立了分析求解模型,认为企业的集聚可能源于工人对熟悉技能的投资;高技能工人赚取更高的工资并且拥有对商品的更大需求;而企业被需求吸引,选址接近高技能工人;随着更多企业对技能的需求增加,更多的工人投资于熟悉技能,最终企业全部或部分集聚在区域内形成均衡。

黄坡和陈柳钦进而指出,外部性产生了产业集聚的主要向心力。在外部性的作用下,产业集群内的企业有着更高的比较优势、要素回报率,吸引着要素向产业集群地区流动和集聚,同时由于外部性的作用,企业可以共享产业集群的专有劳动力市场、专业化的中间投入品及技术外溢,直接吸引大量企业的进入,甚至催生相关企业的诞生。大量企业的进入与诞生最终导致更强的外部经济作用，从而对企业、生产要素产生更强的吸引力，并最终导致产业集聚的形成。

周文良指出，集聚与扩散是并存的，是经济要素流动的两个不同方向，两者的参照物不同，扩散相对于原要素流出地而言是扩散，但相对于将来新的集聚地而言，本身又是集聚。因此，要素流动必然导致集聚，扩散可视为新一轮的集聚，集聚更为一般化，是绝对的，扩散是相对的。产业集聚与扩散与否，其内在机制是市场扩张效应与市场拥挤效应的相互作用，或者是向心力和离心力的相互作用。向心力首先是由制造业的前向联系和后向联系导致的，具有上下游联系的产业如果集聚在一起，就会减少中间投入品的在途损耗，降低运输成本，从而降低中间投入品的价格，由此导致厂商有内在的冲动集聚在一个区域内。其次，厂商集聚在一个地区会导致该地区生产的商品品种增加，产品的均衡价格指数就会降低，劳动力就能享受更高的生活水平，这又会引起劳动力的集中，反过来进一步促进了市场需求的扩大，使得该地区对企业的吸引力进一步增强，从而会进一步强化生产力的集中。最后，由集聚导致的空间外部性进一步强化了向心力。

吴勤堂以人口聚集为出发点，分析了产业集群与区域经济发展的耦合效应。产业集聚必然导致人口的空间集中，这在为产业聚集提供充足的劳动力资源的同时，也使集聚区的居民和企业均能从中获益。首先，人口集聚为厂商提供了丰富的劳动力资源。其次，产业集聚区域内的居民则因此获得了择业的便利，一方面节省了大量的就业信息搜寻费用，另一方面降低了求职、工作过程中的交通费用及时间成本，同时也提高了消费决策的有效性。最后，居民收入提高—消费能力上升—产品畅销—产业发展—吸收更多的劳动力就业—居民收入进一步提高，形成良性循环。而且人口的聚集又引起生活消费、住宅、能源、交通、通信、文化教育、医疗卫生、金融、物流、咨询等基础产业的新需求与发展。所以产业集群带来了城区规模的扩大，城区规模的扩大又进一步强化了产业的集聚功能，使城区、产业不断的高级化。产业的高级化必然会带动和促进第三产业的发展，进而促进城市化水平的提高。

朱杏珍认为人才集聚是利益因素、精神因素和环境因素三方面因素共同作用的结果，实施人才有效集聚应从制度环境建设入手，建立人才集聚机制及其相应的配套机制，包括物质利益机制、精神激励机制、信息机制和法制体系机制等。杨长辉和高阳在"人力资源集群与虚拟团队"论文中提出了人力资源集群的概念,认为在某一相近或离散区域、某一特定专业领域集聚了许多人力资源。集群内人才集聚有利于知识的积累,并产生竞争效应,有利于知识和技术的传播与扩散。在此基础上,他们进一步指出:产业集群是人力资源集群形成的基础,人力资源集群是为某一区域的产业集群服务的,产业集群的竞争优势可以通过人力资源集群得以良好的实现。程祯认为人才集聚环境是人才集聚的原始推动力,人才聚集效应体现了人才集聚对人才环境的反馈作用,进而探讨了中国中西部地区的人才环境优化问题。

由于信息的不完全性、不对称性,人才集聚过程中的个人行为是不完全理性的。朱杏珍还引入"羊群行为"理论对产业集群中的人才集聚现象进行了分析,指出由于人才拥有的产业集群信息不可能是完全的,而且每个人对这种信息的处理能力是不同的,人才集聚过程中也存在"羊群行为"这一现象。

第二节　产业集群人才引力

产业集群的人才吸引与集聚的原因,源于产业集群这一独特组织形式的自身因素,而不是外部行业优势等因素。马歇尔、克鲁格曼、波特等产业集群研究的大师,以及国内外众多的专家学者也对产业集群人才引力产生的原因和影响因素进行过诸多零星的论述,然而系统全面的研究还比较缺乏,此外实证调查和定量分析尚未展开。

一、产业集群研究中多层次理论的运用

产业集群的概念出现后,其研究中的多层次思想便也应运而生。在对集群概念的澄清过程中,Hoen按照层次划分的思想,将集群的概念分为微观层(企业群)、中观层和宏观层(产业集群)。Martin也从国家、区域和地方三个不同的层次区分了三类集群的概念:在贸易相互依赖方而有强烈产业联系的国家集群,其分散在一个国家的几个不同的地方,没有明显的主要集中区位;在一个高度空间限制区域内的相关产业的临近企业组成的地方集群;以及两者之间的区域集群。

波特的产业集群概念逐渐被国内外学者接纳为主流思想之后,区域集群,即通常意义上的产业集群,成为研究的重点。产业集群的分析层次可以分为宏观(国家)、中观(产业)和微观(企业)三个层次(表3-1)。宏观层次从国家层面侧重

于分析产业关联度,重点是区域产业集群如何建立更广泛的经济结构、国家和地区的专业化模式、产品和工艺升级和创新;中观层次从产业层面重点分析产品链上产业内部和外部的连接、产业 SWOT 分析、产业创新需求等;而微观层则重点研究企业间关联网络的结构和关系。

表 3-1　产业集群不同层次的分析方法

分析层次	集群概念	分析重点
宏观层次(国家)	在全部经济结构中产业关联度	国家/地区的专业化模式;大量的产品和工艺升级和创新
中观层次(产业)	在相似最终产品的产品链上不同阶段的产业内和产业间关联度	产业的 SWOT 分析和基准分析;探索创新的需求;创新支持
微观层次(企业)	企业间关联:专业供应商集中在一个或几个核心企业周围	战略性业务发展;价值链的分析与管理;合作创新项目开发

资料来源:陈剑峰,唐振鹏.国外产业集群研究综述.外国经济与管理,2002(8):22-27.

吴波基于产业集群多层次理论,将产业集群的多层次研究状况划分为三个阶段:第一阶段学者主要从宏观层面分析产业集群对区域经济发展的影响,即"产业集群—区域经济发展"的研究思路,深入探讨了产业层面变量对区域经济发展的影响机制;第二阶段一些学者开始打开产业集群这一黑箱,分析产业集群系统的内部结构,研究产业集群演进、产业集群竞争优势等问题,即在中观层面对"产业集群"系统的研究;第三阶段一些学者开始强调对微观层面的集群企业成长进行研究。

除了在研究产业集群概念,以及研究区域产业集群的总体思路上,大量研究成果体现出多层次思想外,在研究产业集群具体问题时,基于多层次理论的成果也遍地开花。如在分析产业集群形成的影响因素时,王立军从宏观、中观和微观三个方面提出了三维度影响因素设想:集群的成长是宏观—经济社会环境、中观—产业发展和微观—集群内企业主体三个维度相互作用的结果,任何一个维度的缺失或者不正常都将影响集群的形成,这些设想体现出一种分层研究的思想。

在产业集群网络研究中,蔡宁和吴结兵也将集群网络划分为三个层次,即微观层次、企业网络层次和集群层次。微观层次是基于集群内个体企业或机构的分析;企业网络层次是基于集群网络核心层次特征探讨其与集群整体的竞争优势的作用机制;集群层次主要停留在对集群整体的功能分析层面,没有深入集群网络体系及其结构的分析和刻画。集群网络体系有多种形态,但核心网络是由集群内企业间联系所构成的企业网络。

在产业集群创新环境研究时,陈赤平将其影响因素划分为以下四个层次:①产业或部门层次的外部环境,指集群内部的企业之间,通过合作开发制造产品或使用特定部门的技术,彼此关联并形成协作竞争的网络关系。②区域层次的外部环境,是区域内的产业集群、研究机构或高校,在区域性的制度安排、文化习俗影响下所形成的区域性创新系统。③国家层次的外部环境,是一国境内的政府机构、研究机构、大学、公共企业、私营企业及其他组织方式(如集群、联盟等)之间彼此相互作用,形成促进科学技术发展的国家创新系统。④国际层次的外部环境,是产业集群适应全球化发展的需要,在外向型经济中拓展与他国企业或其他组织之间的合作关系形成的一种开放式创新系统有利于产业集群在更广泛的协作竞争关系中实现技术创新能力的进步。创新环境是技术创新的约束条件,创新环境的变化又从挑战和机遇两个方面构成了技术创新动力的来源。企业不应是环境的简单适应者,还应是环境的再造者,并与环境和谐发展。由于在企业的创新和发展进程中,面临着日益不确定的市场和技术环境,区域内网络的连接则是企业发展与创新过程中最重要的保障。而且由于区域创新网络的不断创新和发展,促进了区域内创新环境的改善,而当地社会文化环境的改善,又进一步有利于区域创新网络的发展和创新功能的提高。

当然,在所有产业集群具体问题的研究中,产业集群竞争力的研究能够最充分地体现多层次决定模型的思想,特别是纵向结构分层思想。产业集群竞争力的研究层面被定义为三个,分别为企业、集群、国家。企业层面的竞争力来源于所有企业及其之间的关系作用,主要考察企业提供产品和服务的能力、营运能力、资本利用能力、创新能力、发展能力;集群层面的竞争力来自集群的组织管理、联合行动、相互信任、经济外部性等,主要考察集群协作程度的高低、网络关系结构是否健全、集体效率的高低及企业的地域集中程度等方面;国家层面的竞争力来自集群所能利用的宏观经济、政府支持行为、政策体系等,主要考察政府是否提供有利于集群发展的相关政策支持和鼓励,是否注重基础设施等方面的政策,是否提供开放的环境有利于投资者和大型企业的进入,是否形成良好的市场氛围规避无序竞争等方面。Radosevic 也认为产业集群的竞争力取决于国家层次、行业层次、区域层面和微观层面四类创新系统要素的动员能力,培育企业网络和网络组织者是提高产业集群竞争力的关键。Meyer-Stamer 将产业集群竞争力扩展为四个层次:微观层次、中观层次、宏观层次和兆观层次,前三个层次的竞争力与前述划分类似,而兆观层次的竞争力主要表现在集群面对全球竞争的区域品牌、应对外部竞争等方面的竞争力。国内学者们对产业集群竞争力的纵向分层思想也广为接受,如傅京燕运用竞争优势理论来分析集聚效应,在此基础上从国家、集群、企业三个层次全面分析影响中小企业集群竞争力的决定因素。龚双红也认为产业集群作为一种较为特殊的经济系统,其竞争力是宏观维度(政府层面)、中观维度(集群层面)与微观维度(企业层面)这三方面因素相互作用的结果;任何一个维度的变化、缺失或者不正常,都将影响集群的成长与发展,从而导致集群竞争力的起伏变化。潘慧明、李荣华和李必强还根据产业集群竞争力纵向结构观点,将产业集群竞争力评价指标设为集群层面竞争力、企业层面竞争力、政府层面竞争力三个一级指标,建立了三层次的评价体系,并提出利用蜘蛛图原理计算扇形面积总和,以此反映集群竞争力的方法。纵向结构观点将产业集群竞争力看作多个层面的组合,强调了产业集群的关系导向和产业集群竞争力由内到外、由低级到高级变化的动态过程,充分体现了多层次理论在产业集群竞争力研究中的重要作用。

郭曦和郝蕾虽然未完全按照纵向结构思想,从宏观到微观对产业集群竞争力进行分解,而是将集群竞争力影响因素归结为外围层、嵌入层、网络层、节点层四个层面,但是他们认为,这四个层次的影响因素对产业集群的影响是依据由外至内的方向依次传递的,一个层面的影响因素通过更内部的层次才能发挥其作用。对于一个集群系统,外围层因素(政策等)首先影响到嵌入层,外围层的因素的优劣决定着能否吸引更多的资金和技术。而资金和技术只有通过良好的网络才能够在整个集群中扩散,产生溢出性。以上因素最终都会影响到集群中的微观主体——企业。所以,四个层面的影响因素之间存在由外至内的传递关系。同时,四个层次之间又有由内至外的依赖关系,只有内部层面因素发挥作用,外部层面的因素才有可能对集群产生正面的影响,整个集群才会对其层面的创新做出正反馈。他们的研究仍然具有多层次决定模型的投影。

产业集群的概念代表一种思考国家和城镇经济体的新方式,产业集群的出现,意味着许多竞争优势来自企业外部甚至产业的外部,而非该事业单位所在的地点。在产业集群以往的相关研究中,不管是有意识,还是无意识,运用多层次理论开展研究的成果是丰富的,而且无论是产业集群竞争力,还是产业集群的形成原因,抑或创新能力的构建,绝大多数成果实质上也是采用的多层次因素决定模型的研究范式,这为产业集群人才引力影响因素的多层次分析提供了参考,也明确了本文研究的切入方向。

二、产业集群人才引力影响因素的多层次模型

无论是与人才吸引相对应的组织离职行为的研究,还是产业集群的相关研究,学者们都使用过大量的多层次因素决定模型,这为建立产业集群人才引力的多层次影响因素模型提供了借鉴。

首先,人才吸引和集聚本身就是一个受多层次因素影响的问题。王奋和杨波依据布朗芬布的生态系统论思路,认为影响科技人力资源区域集聚的因素包括宏观、中观、微观三个层面:宏观层面的因素包括目标区域的经济发展水平、教育发展水平和人文环境等;中观层面的因素包括目标区域高校的知名度、科研机构的知名度及企业的知名度等;微观层面的因素包括心理因素、个人发展因素、家庭因素等。王学义也认为影响人才区域聚集的因素可以从宏观、中观、微观生态系统的角度加以研究:宏观层面上,社会经济文化等宏观环境(包括科技政策、制度创新系统等制度因素),以及科技人力资源组成的一些非正式组织等宏观层面因素,影响科技人力资源流动的社会成本,或科技人力资源流动的收益预期,从而促进科技人力资源的区域集聚;中观层面上,组织承诺是影响科技人力资源区域集聚的主要因素,各类组织都在设法吸引、培养、维系高素质的科技人力资源,并探索如何更好地激励科技人力资源,以获得科技人力资源集聚的最佳效应,企业组织在操作上常把提供令员工满意的工作岗位、薪酬、工作环境等承诺作为吸引员工的砝码;微观层面上,高新技术产业人力资源个体有自发集聚的意愿,他们更愿意到相关专业人员更多、知识更新更快、竞争压力更大、科技成果转化更快、组织承诺效率更好的环境中工作,其中,工作满意程度是科技人力资源区域集聚的主要影响因素——如果高新技术产业人力资源个体对工作不满意度越高,产生流动意愿就越强。

其次,产业集群就是处于市场和企业之间的一种中间层次组织,自身具有多层次影响的特性。马歇尔认为组织是一种生产要素,并提出四种组织形式:作为企业的组织、产业内企业间的组织、相关产业间的组织和国家组织。中间组织理论认为:在企业和市场这两种基本的制度形式之间,还存在着第三种组织活动的基本形式,即"组织间协调"或"中间性体制"。中间性体制的存在主要是由于交易的三个特性——不确定性、交易重复的频率性和资产专用性的高低程度不同,因此,与之匹配的规制结构也不同。当这三个决定因素程度较低时,与之匹配的是体现古典契约关系的市场规制结构;当这三个决定因素程度较高时,与之匹配的是统一规制结构(企业)。而介于这两者之间的是被其称为"三方规制"和"双边规制"的中间经济组织形式。单个中小企业由于规模小、实力弱,难以与大企业抗衡,但可以组成"中间性体制",既能获得外部经济效果,又能获得集体竞争优势,以整体力量与大企业竞争。产业集群便是其中的一种,产业集群作为一群既独立自主又相互关联的企业与机构,是一种介于纯市场组织"看不见的手"(斯密)与科层组织"看得见的手"之间的"握手"。产业集群比市场稳定,比层级灵活,其自身是一个动态的、复杂的、自律的结构,这种结构综合了市场和宏观组织体的功能,综合了技术创新和组织设计的因素,因而产业集群在整合力、竞争力、吸引力、影响力等方面又超乎于纯市场和政府之上,显示出强大的功能。产业集群作为中间性组织,是由众多同类企业和相关支持企业与机构共同组成的,企业嵌入于产业集群,产业集群进一步嵌入于区域,产业集群不可避免地受到外部环境和内部企业的双重影响。

最后,产业集群的人才自身也存在着多层次的嵌入关系。产业集群中的工作嵌入企业或相关机构组织,因此人才嵌入于特定的企业组织,同时还嵌入于产业集群和区域环境。产业集群之所以能够吸引大量的人才,就在于多层次人才吸引因素的累积叠加而产生的引力场聚合效应。依据纵向结构思想,区域是产业集群所处的外部环境,对产业集群人才吸引产生重要的影响;产业集群是一种介于市场与企业之间的中间性组织,集群独特的区域品牌优势和产业"氛围",吸引着特定性产业要素的流入;产业集群内部包含了大量产业联系紧密的企业及相关机构等组织,这些组织为吸纳就业提供了诸多的工作岗位,组织特性对人才吸引力也会产生重要的影响。因此,本文认为产业集群的人才吸引力具有层次性特征,是宏观(区域)、中观(产业集群)、微观(企业)多个层次影响因素的作用共同聚合而成的引力场(图3-2)。

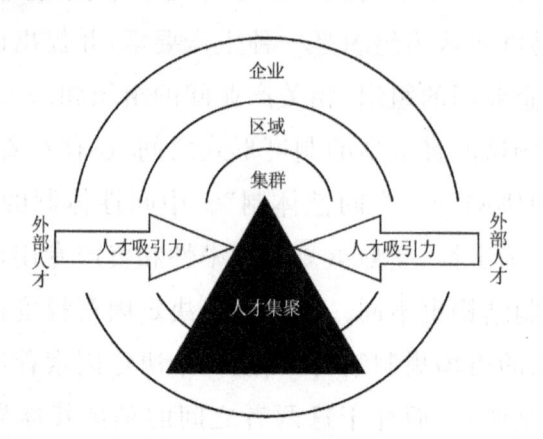

图 3-2　产业集群人才吸引的多层次引力模型

(一)区域层次

产业集群具有地理接近性,产业集群必须在一定的区域相对聚集,地理上的集聚是产业集群的一个重要基本特征,故而,区域构成了产业集群存在与发展的基本外部环境。波特指出,一个国家、一个地区的某种产业能在全球市场上获得持久的竞争优势,往往离不开当地独特的地理环境。北京大学王缉慈教授进一步指出:"认真检视那些公认的成功故事,我们会发现一个国家、一个地区某种产业能在全球市场上获得持久的竞争优势,往往离不开当地独特的地理环境。这里的地理环境的含义已经超越了古老的地理决定论中所包含的自然环境的狭隘含义。在这里人文环境与自然环境是相互作用的,本地企业与当地产业环境关系如同自然界的生物与周围环境的关系一样,处在不断的物质、能量与信息交流中。"

产业集群在区域上存在地理集中的基本特性,也使得产业集群对集群外人才的吸引通常会不可避免地涉及人口的跨区域迁移行为,而在人口迁移理论中有关人口跨区域迁移行为的影响因素研究已经获得了丰硕的成果可供借鉴。最早,英国人口统计学家雷文斯坦对人口的区域转移进行了开创性的研究,他在《人口迁移法则》一书中使用英格兰和威尔士1881年人口普查的资料归纳出人口迁移的一般规律:距离对迁移产生影响,大多数迁移者进行的是短距离的迁移;迁移呈阶梯性,大的工商业中心吸引周围乡镇人口迁入,使城市郊区出现空缺,再由边远地区的乡村迁来填补;迁移流与反迁移流,每个主要的迁移流都会产生一个补偿性的反迁移流;城乡居民迁移倾向的差异,城市居民比乡村居民较少实行迁移;性别与迁移,在短距离迁移中女性多于男性;经济发展与迁移,交通运输工具与工商业的发展促使人口迁移量增加;人口迁移的最重要原因是经济因素,人们为改善生活条件而进行的迁移占全部迁移的绝大多数。虽然受剥削、受压迫、苛捐杂税、生活条件、气候、地理环境等因素是促使人们迁移的重要原因,但人口迁移以经济动机为主,想要获得一个好环境的需求比想要逃离一个不喜欢的处境更为人们所重视,一个地区之所以能够吸引到移民,最关键的就是这个地区本身要有足够的吸引力。

人口迁移的推拉理论也对人口迁移行为发生原因做出了详细解释。该理论认为在市场经济和人口自由流动的情况下,人口迁移和移民搬迁是一系列推力和拉力因素综合作用的结果,而人们希望通过流动就业改善生活条件是最根本的原因。迁入地较多的就业机会、更高收入、更适宜的气候、更好的职业发展机遇、较好的生活水平、较好的受教育机会、更发达的文化设施和交通条件等积极的因素构成了目的地吸引人才流入的拉力。人口迁移中的"拉力"是最主要的动力,这种"拉力"实质上就是一个地区对外地人口的吸引力。这一理论从一般意义上对影响劳动力流动的社会、经济及制度因素进行了综合,强调区域综合环境因素在迁移中的作用。

经济学家对迁移原因的分析则强调经济因素的推拉作用,强调经济动机是促成人口迁移的重要动机,这些经济动机包括经济收入、就业机会、生活成本等;地理学家和社会学家还关注到,较大的迁移距离增加了交通成本、弱化了社会网络关系和目的地的就业信息,减少了迁移者的预期收益,因此,迁移距离上升降低了迁移发生概率。后来学者对区域其他因素也进行了关注,如 Rosen 等、Graves 和 Linneman 等对人口迁移中的地理位置、气候、自然条件、社会环境、休闲和生活娱乐设施、生活质量等非经济因素在吸引人才方面发挥的重要作用进行了论述。

对于中国在20世纪80年代后的大规模人口迁移现象的原因,国内外学者也进行了深入研究。王桂新分析了区域经济因素中经济收入与经济规模对省际人口迁移的影响关系及其特征,由此发现:经济收入因素对人口迁移的推拉吸引作用,主要表现为吸引作用为主,经济较发达、收入较高地区的吸引作用对人口迁移的流向及其分布模式具有重要的引导、定型作用,经济规模因素对人口迁移的影响较大,而且主要是影响人口的迁出,对迁出人口的供给及迁移量的大小具有决定性影响。迁入地的经济收入因素对迁出地人口形成正向吸引作用,即迁出人口基本都是选择迁向经济发展水平较高的迁入目的地,较高的经济收入具有对迁移的激发作用,存在显著的"吸引作用效应"。学者还在不断地探索人口跨区域迁移的其他影响因素,如李树茁分析了经济水平与经济结构的差异、距离与迁移率之间的关系;张善余、李荣时、蔡昉、Davin、丁金宏、刘振宇和程丹明等指出寻找就业机会、寻求较高期望收入是迁移的主要原因;马洪康认为,经济发展情况、城市管理水平和教育水平是人们考虑较多的迁移因素,三者在3年的总排序中均占总权重的65%以上,而环境、资源、气候所占权重较小,其中,经济发展水平所占权重逐年下降,教育能力所占权重逐年上升。

关于产业集群的人才吸引,陈振汉和厉以宁指出某个行业越是需要技术熟练的劳动力,就越有可能集中在经济发达的地区,因为对于技术熟练的劳动力而言,他们对工作地区的收入以外的条件,包括工作区域的社交生活、科学与文化生活、家庭生活的便利程度、子女受教育的环境等会更加关注。本研究在顺德的前期访谈表明,很多人把到来的原因归结为当地良好的经济社会文化环境,如万和的刘部长就说:"顺德的人文环境、居住环境很好;深圳给人没有根的感觉;广州的竞争太激烈。在这里,同事间关系比较好处,压力主要来自企业的市场压力。""顺德的经济环境、地理环境优越,地处珠三角腹地,离广州、深圳、港澳等中心城市比较近,交通方便,气候宜人,适合居住。而且与珠三角其他地方相比,顺德的楼价、物价比较便宜。""从文化上来说,顺德当地人对外地人的包容性很强,外地人很容易就能融入新的环境中。"这些都成为集群吸引人才留住人才的重要因素。

区域是产业集群形成和发展的基本外部环境因素,区域的经济发展状况、经济收入水平和就业机会等经济因素、生活环境、文化因素等对于人才的吸引至关重要,所以研究产业集群人才引力,区域是不能忽视的重要影响因素。但是,区域环境是产业集群的外部资源,是集群与非集群共同享有的资源,是任何企业都可以在相同的机会下通过市场来获取的资源,如交通运输设施、医疗卫生设施等生活服务配套公共资源,以及一般商务服务、人事代理服务等。因此,不能仅仅停留在对表面区域因素的研究上,还需要进一步深入研究产业集群,分析其内部资源带来的独有特性在影响产业集群人才引力中的作用,寻找到影响产业集群人才引力效应的根源。

(二)集群层次

从资源观的角度来分析,产业集群是一种资源的集合体,其特性源于其特有资源。资源从广义上讲包含了一系列个人、社会和组织的现象,可以划分为物质资本资源、人力资本资源和组织资本资源三类。物质资本资源包括组织所拥有的硬技术、机器厂房设备、地理区位及原材料获取途径等;人力资本资源包括培训、经验、判断、智力、关系及管理者和员工的真知灼见等;组织资本资源包括正式和非正式的分工协作、控制和协调系统等,以及组织内部或组织与周边环境的各类联系。

Schwab、Rynes和Aldag指出,组织对人才的吸引都是基于其已有的特性,组织本身就是求职者在求职前考虑的重要因素。产业集群作为一种介于市场与企业之间的集群企业自组织体,其独特的组织形式使它拥有了其他组织不具备的独特的组织资源。其长期累积产生的异质性与不完全流动性的集群内部资源,附着在整个产业集群内部,不被任何企业独占,在组织间不可流动且难以复制,具有异质性。集群内部企业共享该类资源,而集群外部企业则无法享有和利用。这些有价值的、稀缺的、难以模仿和难以替代的资源,形成产业集群的独有特性,最终转变成产业集群静态的资源吸引优势,形成真正的产业集群人才引力效应。这种异质性资源是其吸引大量人才的基础,决定了产业集群人才引力的差异。这种引力效应能否持久,还取决于这种资源是否具备关键资源所必需的不可模仿性和替代性。

在集群特性对人才吸引力的影响上,马歇尔认为产业集群为具有专业化技能的工人提供了集中的市场,形成一个供需畅通的劳动力市场,共享劳动力池中劳动力流动性强,也提供了更多的就业机会。另外,集群中信息、知识、技术的扩散和传播很容易,形成了独特的学习和创新的产业氛围,它既是集群内企业外部经济的主要来源,也是吸引资源流入的主要因素。克鲁格曼指出,由于历史与偶然因素,某公司在某地创建,产生了对劳动力有巨大吸引力的就业机会、发展机会和较高劳动力要素报酬,而具备专业知识和技术的工人的大量集中又为其他雇主寻找劳动力提供了便利,劳动力供给与需求在此地的结合成为早期企业"扎堆"的源泉。同一产业的企业在某个地区集中,能进一步促进该产业在这个地区的发展,由于随后的路径依赖和累积因果效应,不断地促成了人才集聚和企业集聚。波特认为,产业集群中的就业和发展机会,以及四处流传的成功故事都是吸引优秀人才迁移到产业集群的重要因素。

杨云彦指出,高度的专业化与精细的分工,激烈的竞争与紧密的协作使聚集区域内各组成部分形成网络关系；知识和技术溢出效应形成高效率的劳动力市场、创新效应、规模经济等；而规模经济、外部性的存在、基于竞争与合作的创新优势、自然优势聚集力、人文凝聚力等是产业空间聚集的内在动力。李刚和牛芳认为人才交易成本的降低、信息成本的降低、科研教育水平的提高、人才集聚效应的反馈作用是吸引人才向产业集群集聚的原因。王秉安认为，在产业集群中，大批同类和相关企业集聚使所在的区域成为在大区域中的该产业高度集中区位，必然会产生出"区位品牌"效应，产生出集群的形象竞争力。集群形象竞争力是单个企业无法获得的，只有集群才能具有的竞争力，它对于人才的吸引也会产生重要的影响。孙建波认为，产业集群特别强调集群参与主体之间的信息和知识的交流与溢出、所信奉的商业文化与竞争理念、诚信与信用网络等人文环境。这种社会文化环境氛围促使集群内部形成一种相互信赖关系，使企业之间的分工及协调与沟通更容易进行。刘芹和陈继祥认为，产业集群内部成员通过一定时期的互相影响、积淀、整合，形成了良好的集群文化氛围，通过相互竞争、相互合作、相互启发、促进创新，将集群的竞争优势发挥得淋漓尽致，从而利于各主体的发展和集群的可持续发展，最终形成良性循环。黄坡和陈柳钦认为，产业集群因地理接近性形成了独特的生产组织方式，从而获得集群效应，聚集产生经济外部性，而外部性产生了产业集聚的主要向心力。产业集群一经形成，就会通过其优势将具有直接联系的物资、技术、人力资源和各种配套服务机构等吸引过来，尤其是吸引特定性生产要素。而后，基于路径依赖形成的"集群—资源吸引—集群扩张—加速资源吸引"的循环累积过程，增强了产业集群的资源获取优势。

胡蓓教授课题组负责的《顺德产业集群人才资源聚集效应调研报告》的分析结果表明，产业集群的成长速度、规模、平均薪酬、文化环境等特性对人才的吸引力都产生作用，影响人才的流入情况。发达的社会网络连接也会产生积极作用，吸引许多外地的员工从湖北、湖南、四川、广西等主要流入区不断涌入，在招聘中老乡等裙带关系严重，熟练工待新手来到以后，还会带新手做工，直到生手变成熟手。员工在产业集群内部流动频繁。

综合以上研究成果，影响产业集群人才引力的产业集群特性，源于产业集群的共享性资源。集群强势的品牌声誉、雄厚的产业实力、浓厚的产业氛围、发达的社会网络及难以言传的缄默知识等系列资源要素，都属于产业集群内部共享，存在于特定集群与集群企业之间，既不同于单体企业的内部资源，又不同于市场上等待交易的外部资源或共有的公共资源,不为任何单体企业所独有,难以流动、也难以通过买卖实现其所有权的变更,而相对非集群而言其又是独有的、异质的、不完全流动性的资源,对产业集群的人才吸引发挥了不可替代的重要作用。

(三)企业层次

产业集群内部包含了大量产业联系紧密的企业及相关机构等组织,这些微观组织才是吸纳就业的最终落脚点,具体来讲,就是企业为人才提供的工作岗位。企业人才吸引力是产业集群人才引力的核心组成部分。企业对员工流动产生影响的因素,包括与工作相关的因素、与组织及其特征相关的因素。胡蓓、翁清雄等对全国10所名牌大学的应届毕业生进行了调查,运用层次分析方法计算出组织人才吸引力的评价模型,结论表明,影响组织吸引力的最主要指标是组织特性,其次是职业发展,再次为报酬制度;而与组织及其特征相关的因素包括企业的组织文化、管理风格与管理机制、企业的人际关系、组织内部公平性,以及薪酬和培训及再学习机会等。这也再一次验证了企业组织本身就是求职者在求职前考虑的重要因素,组织特性才是吸引人才的主导因素。陈洪浪也认为,影响企业吸引人才的企业内部因素相比外部因素更多,也更为重要。内部因素主要包括企业品牌(企业在人才市场的知名度和美誉度)、企业发展前景、薪酬水平、领导力和人力资源管理体系的完善程度,其相对于地点、当地政策和法规、行业前景、人才市场发达程度等外部因素影响更大。于是,Turban 和 Greening 也强调,组织吸引力的研究重点是组织特性,如组织规模、组织文化等。因此,在本文研究中,为将视角集中于分析中观层次因素,特别是产业集群及企业组织的作用,忽略微观层面的工作相关因素及人口统计学等个体特征差异因素,防止因个性化原因影响研究结论的普适性。

在组织吸引力的研究中,Turban 与 Keon 探讨了组织规模及公司地理位置对求职者的吸引力。Turban 等建立了组织形象、组织特性等对人才吸引力的模型,并通过对361次校园招募面试中的求职者在面试前后的调查,证明了组织特性对人才吸引力产生积极的正向影响,组织形象对组织特性及招募者行为在求职者中的认知感有积极影响。Turban 等还调研了中国企业组织特性及组织——人员匹配对吸引人才的影响,企业性质和对企业的熟悉程度会影响到求职者对其的吸引力评价,一般而言,外资企业和熟悉的企业对求职者更有吸引力。Barber 等以585位大学应届毕业生为样本进行问卷调查,结果表明,60%以上的求职者偏好大型企业,而不愿意去中小型企业求职。同样地,Lievens等以359位学生为受试对象,调查分权化和薪资结构等两项人力资源管理制度,以及组织规模、全球化程度对于组织人才吸引力的影响,结果发现,相对于集权化组织而言,分权化组织更具有组织人才吸引力。Spitzmuller等研究表明良好的企业声誉、企业文化、绩效管理、培训与发展体系,以及劳动力市场上的知名度和美誉度,将产生劳动力市场上直观的人才吸引力。Ching-Yi Chou和Guan-Hong Chen阐述了良好的公司形象、内部提升制度、邻近著名大学或大企业的区位等都能吸引科技人才。Rynes、Turban和Greening、Chapman和Uggerslev等、Lievens和Hoye等都证实了,组织形象、组织特性(如工作环境等)对组织人才吸引力具有显著影响,直接影响着求职人员的工作选择意愿。

  人力资源管理制度释放出的信息可以使求职者觉察到组织对于人力资源的重视,如果能满足个人的需求和期待,组织人才吸引力也将大为提高。从人力资源管理的角度,研究企业如何采取措施提高组织吸引力,以使更多的优秀人才应聘自己的空缺职位、强化其求职意愿、产生求职行为动机、接受职位要约,以及保留已有人才,也是国外管理学者们研究的热点。Turban和Keon、Bretz与Judge、张正堂等都研究了企业绩效管理制度、奖酬制度、培训与发展体系、升迁制度等系列人力资源管理制度对组织的人才吸引力所具有的正面影响,程玉莲还指出,在人才争夺的初期阶段,薪水、住房、分红等利益因素确实能起到吸引人才的目的,但是要真正地留住人心,还是要靠企业文化等无形因素,企业要通过培育精神文化,提高人才的认同感,为企业的长期发展提供强大支持;企业在生产经营中,只有学会塑造以尊重人、关心人、信任人、培养人为核心的企业文化,才能使员工感受到强烈的归属感和自豪感,从而在企业内部形成一股强劲的凝聚力,对每个成员起着感召作用和融合作用。

  《财富》中文版曾邀请3000位人力资源经理评选20位"最佳雇主",通过对人力资源经理的深度访问,提炼出最佳雇主的企业必须具有的特点:①公司实力。最佳雇主要具有较高的知名度。其产品或服务在市场上具有很强的竞争力,企业的持续发展能力强。②管理水平。最佳雇主都拥有比较完善的管理制度和科学的管理工具。③对人力资源的重视。在战略层面,最佳雇主都将人力资源战略贯穿于企业经营过程的方方面面,旗帜鲜明地强调人力资源,真正将人作为一种资源来经营。④企业文化。最佳雇主不是把"以人为本"挂在嘴上,而是身体力行,不同的企业文化特征差异很大,但对人的尊重是所有最佳雇主文化的基本点。

中华英才网通过对中国大学生最佳雇主的调查,2005年初步提出了一个最佳雇主CBC模型(compensation-brand-culture model),认为大学生是从"全面薪酬""品牌实力""公司文化"三个维度对雇主进行评价的。在2006年的调查中,中华英才网在微调的基础上对模型进行了验证性的因子分析。在2007年的调查中,结合前两年的数据累积和分析,中华英才网对模型进行了补充和调整,提出了新的CBCD模型,即"薪酬福利"(compensation)、"品牌实力"(brand)、"公司文化"(culture)、"职业发展"(development)。

针对产业集群中企业的人才吸引问题,胡蓓教授课题组对顺德家具产业集群中的部分企业进行了深度访谈,得出结论:顺德机会多、大气候好、比较重视人才,所以一般管理人员都是从深圳流入,而且顺德的经济发展也很好,其他地区也有部分同行慕名而来。工作环境好,企业知名度高,管理正规,以及工资高、发放准时且每年增长,人性化管理,老板很注重与所有员工的沟通,如月会按时召开等等,都是吸引员工到顺德企业工作的重要原因。工资制度以前是月薪+年终奖,后改为年薪制,这对员工都有很大的吸引力。

综合以上研究成果,产业集群内部企业的特性对人才的吸引力也会产生重要的影响,企业的实力、声誉、企业的文化与管理等都是必须考虑的因素。当然我们也不能忽视,产业集群内部企业嵌入产业集群中,其特性必然受到产业集群特性的影响和制约,产业集群特性可能会通过影响企业特性间接影响到人才吸引力。

三、各层次引力影响因素强弱分布

为验证各层次引力因素的影响强弱,课题组主要对佛山地区的陶瓷、电器制造、家具等产业集群开展实证研究,构建了产业集群人才引力影响因素的多层次模型。

(一)量表设计

在区域层面,王崇曦、胡蓓将产业集群外部环境具体划分为:市政建设和基础设施建设环境、法律环境、政策环境、人文环境、生活环境五大环境因素,王顺建立了我国城市人才环境综合评价指标体系,将人才环境分为人才市场环境、经济环境、文化环境、社会环境、生活环境和自然环境6个子目标。查奇芬的人才环境综合评价体系包括了经济发展状况、人才企业和保障状况、城市发展状况、社会服务及保障状况、人才中介服务状况等指标。马进的区域人才环境评价指标体系包括了经济状况、创业和发展保障状况、城市发展状况、社会服务及保障状况、中介服务状况等因素。在区域层次,本研究考虑了经济环境、生活环境、文化环境、政策环境四个变量。

在集群层面上,依据关键资源的三个评判标准:有价值、稀缺性、不可模仿性和难以替代性,我们从有形资源和无形资源两个方面综合考虑集群实力、集群氛围因素。集群实力参考了蔡宁和吴结兵等的研究,我们将其分解为集群规模、集群品牌、行业潜力等。此外,马歇尔、波特、王秉安、孙建波等提到的共享劳动力市场、知识溢出、社会网络、竞争与协作等集群的软氛围因素也是产业集群独有的软实力,为产业集群所有,在集群这一层面共享,又不被任何单体企业独占,是集群层面上被集群内部共享的无形或高层的资源和能力,对产业集群人才引力效应的产生起到非常重要的影响。在集群层次,本研究设计了集群氛围和集群实力两个变量。

在企业层面上,Laker 和 Gregory 认为影响选择一项工作的重要企业因素包括:公司对待员工的方式、公司在行业中的声誉、公司的发展潜力。Turban 等、Chou 和 Chen、Spitzmuller 等、Chapman 和 Uggerslev 等、Lievens 和 Hoye 等认为,企业声誉和形象、企业规模与实力、企业文化、人力资源管理制度都是影响组织人才吸引力的重要因素。邓建清、尹涛和周柳认为,从企业角度看,吸引和保留人才的因素主要包括良好的工作环境、高工资福利、平等发展机会、提供个人创业机会、成就与晋升等。但是,以往人才吸引力研究基本上都局限于企业组织的微观层面,在整体上缺乏一定的概括与抽象。国内学者王养成则在中观层面上建立了企业人才吸引力评价指标体系,包括企业实力(企业规模、企业获利、企业地位)、企业特征(企业性质、行业特点、生命周期、产业特征)、企业声誉(品牌形象、广告宣传、社会价值)、人员管理(薪酬水平、晋升机会、培训开发、激励机制)、企业文化(企业理念、制度、领导、管理风格)五个方面。在企业层面上,本文综合以上研究成果,考虑了企业声誉和实力、企业文化、人员管理三个变量。

最后,建立一个3个层次9个因子的产业集群人才引力指标体系,每个因子再用2~8个具体指标进行测量,问卷设计涵盖了41个指标(表3-2)。测量采取顺序量表,"5"表示"非常吸引人","1"表示"完全不吸引人"。

表 3-2　产业集群人才引力影响因素指标体系

3个层次	9个因子	41个指标	主要参考文献
区域	经济环境	地理区位、经济发展水平、企业经营环境、人才市场环境	王崇曦、胡蓓；王顺
	生活环境	居住条件、交通条件、饮食条件、休闲娱乐设施、治安环境、文化教育设施、子女教育条件、医疗卫生设施	查奇芬；马进
	文化环境	价值取向、交往操守、创业精神、创新氛围	倪鹏飞；王顺
	政策环境	户籍政策、人事代理制度、优秀人才奖励、创业资助、科研资助、出国审批手续、社会保障政策	查奇芬；马进
集群	集群实力	集群规模、集群品牌、行业潜力	蔡宁；吴结兵
	集群氛围	共享劳动力市场、知识溢出、社会网络、竞争与协作	克鲁格曼；孙建波
企业	企业声誉实力	企业声誉、工作条件设施、企业发展前景、科研创新	Laker, Gregory; Turban, Forret, Hendrickson
	企业文化	雇主作风、企业家欲望、员工精神	倪鹏飞
	人员管理	人才观念、绩效考核体系、培训发展体系、薪酬体系	王养成

(二)探索性因子分析

1. 试调查

佛山是我国产业集群比较发达的地区之一,已经在陶瓷、电器制造、家具产业上形成了较强的竞争力。选取佛山的陶瓷、家电、家具、金属加工、塑料制品等产业集群进行重点调查,出于研究的需要也涵盖了少量其他产业集群。

为了保证正式调查所得结果的真实性与可靠性,本文首先进行了试调查,指定专人负责发放了50份问卷,除了样本的个人基本信息和企业基本信息采用填空题、选择题形式外,问卷中其他选项均采用Likert五级量表设计。利用SPSS 13.0对顺利回收的50份试调查问卷进行信度检验(表3-3)。

表3-3 试调查的信度检验结果

变量	Cronbach's α 值	测项数
问卷整体信度	0.905	41
经济环境	0.593	4
生活环境	0.887	8
文化环境	0.808	4
政策环境	0.840	7
集群实力	0.699	3
集群氛围	0.846	4
企业实力	0.841	4
企业文化	0.715	3
人员管理	0.843	4

Cronbach's α 系数是常用的评估被调查者对所有测项反应的内部一致性程度的指标,它是估计内部一致性信度的下限,比其他信度判断更加稳健。本研究也使用Cronbach's α 系数进行问卷测量量表的信度检验。问卷整体的Cronbach's α 系数值为0.905,大于0.9;分项信度检验中绝大多数因子的Cronbach's α 系数值都在0.8以上,分项信度最低值也大于0.5。Nunnally和Berntein认为测量工具的Cronbach's α 系数最好高于0.7,但是如果测量工具中的项目个数少于6个,Cronbach's α 系数值大于0.6,也表明数据质量可靠;在探

索性研究中，Cronbach's α 系数值可以小于 0.6，但应大于 0.5。因此，本问卷整体上的内在信度十分高；作为探索性研究，分项信度也可以接受。

对项总计统计量分析，我们发现居住条件指标在"校正的项总计相关性"上低于 0.4，指标集中性略差，且项删除后 Cronbach's α 值有 0.014 的提高。一般来说，项总计相关性小于 0.4，且删除测项后 Cronbach's α 值会增加者应予删除，因此本研究决定删除"居住条件"一个项目，以对新开发的问卷测项进行优化。

2. 因子分析

根据一般要求，样本量要大于最多测量题项数 5 倍，或者不少于 100。问卷指标为 40 个，在回收的有效问卷中取 200 份进行探索性因子分析。利用 SPSS 13.0 对回收的有效问卷进行因子分析（表 3-4）；抽样适当性参数 KMO 值 (Kaiser-Meyer-01 kinmeasure of sampling adequacy) 为 0.912，高于 0.9；Bartlett's 球形检验统计量 (Bartlett's test of sphericity) 的观测值为 4723.414，相应的概率 P 为 0，低于 0.005 的显著性水平，故本文认为相关系数矩阵不太可能是单位矩阵，变量适合进行因子分析。

表 3-4　KMO 与 Bartlett 检验结果

	KMO 值	0.912
Bartlett 球形检测	近似卡方分布	4723.414
	自由度	780
	显著性	0.000

运用主成分法，我们以特征值大于 1 的标准截取数据。共同度提取上最低的指标也达到 0.509，这说明问卷设置的测评指标对人才引力的影响是显著的，因子平均共同度达到了 0.667（表 3-5）。问卷指标的设计整体上是合理可信的，不需要做调整。

表 3-5　指标提取的共同度

指标	共同度
薪酬体系	0.635
培训与发展体系	0.658
人才观念	0.724
绩效考核体系	0.637

续表

指标	共同度
企业家欲望	0.641
雇主作风	0.670
员工精神	0.631
企业前景	0.674
工作条件	0.649
科研创新	0.620
企业声誉	0.635
竞争与协作	0.721
知识溢出	0.685
社会网络	0.663
共享劳动力市场	0.588
集群规模	0.439
行业潜力	0.602
集群品牌	0.687
户籍政策	0.738
人事代理服务制度	0.562
优秀人才奖励政策	0.684
创业资助政策	0.677
科研资助政策	0.719
出国手续政策	0.688
社会保障服务	0.624
价值取向	0.669
交往操守	0.724
创业精神	0.742
创新氛围	0.675
交通条件	0.657

续表

指标	共同度
休闲娱乐设施	0.722
饮食条件	0.736
医疗卫生设施	0.715
治安条件	0.742
文化教育设施	0.754
子女教育条件	0.706
地理区位	0.574
经济发展水平	0.762
企业经营环境	0.754
人才市场环境	0.628

因子特征根值大于1的因子共有8个,其累计方差贡献率63.697%,所以我们提取8个因子即可以解释原有变量的大部分信息(表3-6)。

表3-6 因子的方差贡献率

成分	因子载荷平方和			旋转因子载荷平方和		
	合计	方差贡献率/%	累计方差贡献率/%	合计	方差贡献率/%	累计方差贡献率/%
1	15.130	36.902	36.902	15.130	36.902	36.902
2	2.492	42.981	42.981	2.492	6.079	42.981
3	1.881	47.981	47.569	1.881	4.588	47.569
4	1.597	51.454	51.464	1.597	3.895	51.464
5	1.445	54.988	54.988	1.445	3.525	54.988
6	1.274	58.096	58.096	1.274	3.107	58.096
7	1.200	61.021	61.021	1.200	2.926	61.021
8	1.097	63.697	63.697	1.097	2.675	63.697

然后,通过方差最大法对因子载荷矩阵实施正交旋转以使因子具有命名解释性。在经过10次迭代后,旋转收敛,旋转后的因子成分矩阵如表3-7所示。

表 3-7　旋转后的因子成分矩阵

—	1	2	3	4	5	6	7	8
绩效考核体系	0.746	0.101	0.109	0.061	−0.011	0.159	0.142	0.192
培训发展体系	0.739	0.107	0.159	−0.012	0.212	0.222	0.044	0.075
薪酬体系	0.722	0.124	0.162	0.053	0.228	0.221	0.009	−0.171
人才观念	0.639	0.156	0.189	0.151	0.158	0.171	0.149	0.029
雇主作风	0.492	0.066	0.221	0.210	0.019	0.471	0.257	0.273
员工精神	0.481	0.104	0.070	0.198	0.114	0.433	0.174	0.300
企业家期望	0.469	0.071	0.156	0.108	0.051	0.409	−0.002	0.386
地理区位	0.051	0.731	0.145	0.123	0.130	0.113	0.049	0.024
企业经营环境	0.149	0.708	0.171	0.195	−0.003	0.126	0.154	0.004
经济发展水平	0.086	0.650	0.233	0.254	0.056	0.156	0.088	−0.181
人才市场环境	0.372	0.429	0.248	0.170	0.325	0.142	0.197	0.135
文化教育设施	0.169	0.049	0.694	0.100	0.324	0.038	0.082	0.262
治安条件	0.253	0.188	0.666	0.242	0.046	0.038	0.081	−0.283
医疗卫生设施	0.119	0.130	0.612	0.132	0.442	0.091	0.144	0.132
子女教育条件	0.065	0.033	0.606	0.103	0.313	0.120	0.205	−0.066
休闲娱乐设施	0.263	0.333	0.600	0.059	0.027	0.100	0.026	0.218
饮食条件	0.196	0.386	0.599	0.200	−0.181	0.150	0.089	0.013

续表

一	1	2	3	4	5	6	7	8
交通条件	0.325	0.307	0.410	−0.086	0.091	0.197	0.077	0.203
集群品牌	0.098	0.174	0.143	0.743	0.170	0.174	0.016	0.179
集群规模	0.040	0.190	0.085	0.716	0.312	0.087	−0.085	−0.032
行业潜力	0.049	0.236	0.176	0.699	0.022	0.190	0.129	−0.178
知识溢出	0.322	0.280	0.071	0.617	−0.097	0.077	0.219	0.339
竞争与协作	0.285	0.259	0.184	0.521	−0.103	0.156	0.300	0.374
社会网络	0.269	0.204	0.299	0.468	0.135	0.011	0.120	0.060
共享劳动力市场	0.388	0.228	0.106	0.463	0.233	0.067	0.002	0.128
社会保障服务	0.062	0.065	0.280	0.156	0.733	0.113	0.115	−0.050
户籍政策	0.175	0.093	0.063	0.071	0.632	0.201	0.056	0.075
人事代理服务制度	0.360	0.135	0.081	0.057	0.493	0.154	0.319	0.255
优秀人才奖励政策	0.311	0.121	0.154	0.165	0.480	0.166	0.244	−0.069
企业声誉	0.163	0.201	−0.032	0.094	0.209	0.738	0.096	−0.091
科研创新	0.168	0.129	0.052	0.052	0.267	0.708	0.209	0.136
企业发展前景	0.146	0.186	0.288	0.177	0.003	0.658	0.026	0.081
工作条件设施	0.334	0.042	0.095	0.207	0.258	0.480	0.241	0.079
科研资助政策	0.121	0.152	0.128	0.008	0.138	0.198	0.804	−0.027
创业资助政策	0.106	0.103	0.157	0.044	0.174	0.130	0.749	0.161

续表

一	1	2	3	4	5	6	7	8
出国手续政策	0.239	0.059	0.114	0.153	0.476	0.094	0.526	−0.230
价值取向	0.194	0.252	−0.020	0.199	0.180	0.191	−0.026	0.589
创业精神	0.403	0.320	0.159	0.324	0.164	−0.046	0.106	0.459
创新氛围	0.330	0.175	0.179	0.246	0.109	0.029	0.269	0.431
交往操守	0.306	0.283	0.345	−0.004	0.347	0.082	0.171	0.372

绩效考核体系、培训发展体系、薪酬体系、人才观念、雇主作风、员工精神、企业家期望在第一个因子上有较高载荷，第一个因子基本综合了企业人员管理和企业文化两个方面，反映了企业文化特征及其对应的人员管理方式等特性。企业文化作为一种无形资源，就是要塑造具有共同理想信念、明确的价值取向、高尚道德境界的企业工作群体，是在人力资源管理工作中经过长期的潜移默化培养起来的。通过企业文化，企业的管理者把自己的经营理念、价值取向、行为方式等整合到员工管理中去。企业文化对人力资源管理具有导向功能，招聘中要将企业的价值观念与用人标准相结合，在培训中要将企业文化的要求贯彻，在员工绩效考核时要注入企业价值观念，薪酬体系也要建立在核心价值观和企业原则基础上。人力资源管理也属于企业的管理制度文化层，因此将第一个因子命名为"企业管理"。

地理区位、企业经营环境、经济发展水平、人才市场环境在第二个因子上具有较高载荷，与原设计完全一致，将其命名为"经济环境"。文化教育设施、治安条件、医疗卫生设施、子女教育条件、休闲娱乐设施、饮食条件、交通条件在第三个因子上具有较高载荷，基本反映出原设计的区域生活配套环境的内容，将其命名为"生活环境"。

集群品牌、集群规模、行业潜力、知识溢出、竞争与协作、社会网络、共享劳动力市场在第四个因子上有较高载荷，囊括了集群实力与集群氛围的基本指标，说明集群的实力与文化氛围是紧密联系的，将其命名为"集群特性"。

社会保障服务、户籍政策、人事代理服务制度、优秀人才奖励政策在第五个因子上具有较高载荷，主要解释地方政府在人力资源引进方面的基本配套政策，将其命名为区域"人才引进政策"。

企业声誉、科研创新、企业发展前景、工作条件设施在第六个因子上具有较高载荷,反映了企业声誉与实力方面的特点,将其命名为"企业声誉与实力"。企业文化的三个指标在第六个因子上也有高于 0.4 的载荷,可以说明企业文化对企业声誉等产生影响,有些研究中对在两个及以上因子中同时具有 0.4 载荷且差距小于 0.1 的指标统统删除,但本文考虑研究的完整性仍以其最高载荷为准,将其与人员管理聚合为一个因子。

科研资助政策、创业资助政策、出国手续政策在第七个因子上具有较高的载荷,反映了地方政府对人才使用过程中的政策资助与支持力度,我们将其命名为"人才成长支持政策"。价值取向、创新氛围、创业精神、交往操守在第八个因子上具有较高的载荷,与原设计相同,将其命名为"文化环境"。

原设计的九个引力因素被聚合为八个因子,利用 Cronbach's α 系数测量各因子变量的内在信度,均大于 0.6,测项可信,检验顺利通过(表 3-8)。

表 3-8　因子的 Cronbach α 信度检测结果

变量	Cronbach's α 值	测项数
企业管理	0.891	7
经济环境	0.675	4
生活环境	0.865	7
集群特性	0.770	7
人才引进策略	0.744	4
企业声誉实力	0.813	4
人才成长支持政策	0.720	3
文化环境	0.826	4

(三)影响因素强弱分布及多层次因素模型构建

根据因子分析结果,产业集群的人才吸引力来源于区域、集群、企业三个层次,受企业管理、经济环境、生活环境、集群特性、人才引进政策、企业声誉实力、人才成长支持政策、文化环境八个因素的影响。其中,企业管理涵盖了企业文化及由文化映射出来的人员管理方式,深刻地影响着人才吸引力;良好的经济环境和生活环境对人才也产生着强烈的吸引力,在人口迁移上则体现出人才向发达地区流动;而区域人才政策环境分解为人才引进政策和人才使用政策,地方政府在区域人才政策制定中除需要注意消除人才流动障碍,加大人才引进力度之外,还需要注重对已有人才使用和成长的支持,为人才的成长营造一个适宜的环境,以利于人才施展自己的才华,使人才能够脱颖而出;企业声誉与实力对人才吸引力也发挥着重要作用;集群实力和集群氛围合为集群特性,它们对人才吸引的作用也不容忽视,产业集群中的企业在实力有限的情况下,应当利用集群资源间接提高企业人才吸引能力;文化环境是区域软环境的重要组成部分,注重公平竞争,强调诚信与协作,鼓励创业与创新的文化对人才也具有一定吸引力。

根据因子分析结果,本文建立了产业集群人才引力影响因素的多层次模型,如图3-3所示。

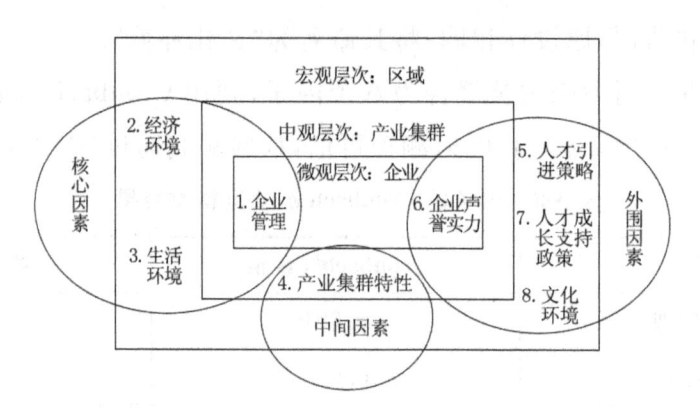

图 3-3 产业集群人才引力影响因素的多层次模型

注 图中序号按因子的方差贡献率排序

该图清楚地表明产业集群人才引力受到多层次多因素的影响,但各层次因素影响作用的大小交错出现,并非简单的分层作用。以产业集群特性为界,企业管理、经济环境和生活环境,无论是在组织吸引力研究,还是在人才流动、人口迁移理论研究中,都属于关键的影响因素,因此称其为核心因素,是硬条件要素;产业集群本身是个中间性组织,在因子分析结果中其方差贡献率正好居中,因此认为其是中间因素;人才引进政策、企业声誉实力、人才成长支持政策、文化环境的方差贡献率相对要小,并且体现为外部的影响作用,因此属于外围因素,它们更多地体现为文化、制度因素对人才的影响,是软实力要素。

第三节 产业集群人才成长

大量人才的集聚与成长是保证产业集群持续发展的重要因素之一。对产业集群的人才成长进行管理及评估,可以有效地促进其快速成长,从而使产业集获得更多的竞争优势。但对于人才成长的评价,学术界似乎没有成熟的理论及模型。在以往的研究文献中,大部分关于人才成长评价的研究均是基于职业生涯管理的视角,且实用性不强。本节在归纳前人理论的基础上,借助实证研究,提出人才成长评价指标体系,构建人才成长评价模型,并分析该评价体系和模型在产业集群环境下的适用性及特征。

一、人才成长评价指标体系

人才成长是一个涉及面广、综合性强的问题。哈佛商学院教授戴维·加文指出:"如果不能进行有效评估,就无法进行有效管理。"而所谓"评估",就是人们认识、把握某项活动,满足主体价值需要的行为。通过对人力资源开发活动进行评估反馈,达到认识和把握其满足组织需要的程度,以及时矫正、改进和调整开发战略及策略,这本身就是组织学习的内生环节和重要内容。

人才成长评价指标体系是连接人才成长理论与人才成长实践的桥梁。长期以来,理论界对人才成长指标体系的系统研究甚少,虽然国外有一些学者从职业生涯管理角度提出人才成长的评价指标,但其中某些指标难以适合我国的国情。而且,管理学理论发展迅速,因此有效地吸收、应用国内外最新研究成果来开发人才成长评价指标体系,具有深远的理论意义与实践意义。

(一)人才成长评价指标特征

人才成长指标的设计是一项复杂的工程。因为人才成长指标不仅要求实用、通用、操作性强,而且应能在不同企业、不同地区,甚至不同国家间进行分析、比较与评价。因此,人才成长指标应具备以下特征:

1. 系统性

系统性是指人才成长评价指标应从系统的角度出发,全面、客观、系统地反映人才的成长现状、成长潜力及人才成长的价值能力。这涉及人力资源管理、企业建设的各个子系统,以及相互协调和整体运作。

2. 科学性

科学性是指指标体系应符合人才的特点和其成长规律,并能揭示人才成长的内在机理和客观规律,从而对人才成长进行现实而科学的指导,而不是几个指标简单的拼凑。另外,在人才成长指标的设计过程中,应注意应用严谨的科学研究方法，且对实证数据应进行可靠性分析。

3. 可行性

可行性是指指标体系的设计既要考虑有数据的支持、数据获取的难易程度和可靠性，又要考虑计算方法的简易性等。评价指标过于复杂，会给评价带来困难，甚至不易操作；而过于简单，又不能反映评价对象的基本情况。

4. 创新性

人类经济社会发展迅速，相比以前，现在人才成长的环境已经发生了巨大变化，故步自封只会裹足不前。因此，人才成长指标的设计不但要跟上人类社会发展的主潮流，还要以创新理念为指导，对人类在自身成长问题上的探索有所帮助。

5. 前瞻性

人才成长评价指标用于评价人才素质和能力能否得以持续提高，所以应具有基础性、前瞻性等特点。

（二）人才成长评价指标设计思路

国外学者从职业生涯管理（职业成功）角度研究人才成长问题，国内学者基本也是沿循此思路。朱苏丽结合无界职业生涯管理理论及人力资本理论，提出了无界职业生涯情况下人才成长的三个标准，即社会标准、企业标准和个人标准。李兴国在专家访谈、问卷调查及查阅相关资料的基础上，构建了高新技术企业知识型员工成长的评价体系。该评价体系综合考虑了员工自身、企业和社会环境因素的影响，将影响知识型员工成长的因素划分为三个维度，即知识型员工自身成长能力、企业平台支持能力和社会环境支持能力。纵观前人研究，其在研究思路、研究结论方面均具有一定的局限性，系统性和理论性均有不足之处，且可操作性欠佳。

在西方经济学中，资本是指能够用于物质生产并能创造收益的资源。人力资本理论得到经济学界认可后，传统资本的内涵便由物质资本扩展到人力资本。物质资本被称为非人力资本，是指体现在物质资源上的、以物质的数量和质量表现出来的资本；而人力资本则是体现在人力资源（劳动力）上的、主要以劳动者的素质表现出来的资本，包括劳动者的身体健康状况、知识、技能及表现出来的能力。国内外许多研究都已证明，人力资本的提高对经济增长的影响要远远大于物质资本的提高对其的影响。国内外逐渐兴起对人力资本的研究热，人力资本投资也一度受到各国政府及企业的高度关注。人力资本理论拓展了资本的概念范畴,使人们更加注重企业中能动的"人"的因素,极大地推动了相关理论的发展。但人力资本理论的一个重大理论缺陷是着重于对个体人力资本之间关系的结构性研究,缺少对群体人力资本的研究。而这种群体关系对企业财富增长及个人成长具有独特的作用。随着经济学向其他社会科学领域的拓展,社会资本的概念逐渐引起人们的关注。所谓社会资本就是基于网络过程所形成的行为规范和人们之间的信任,它们能促进产生好的社会和经济结果。社会资本概念的核心主要包含三个方面:网络资源、相互信任与合作行为。大量实证研究表明,社会资本具有潜在的经济和社会绩效,其高低和国家或地区的经济发展水平呈正相关。许多学者也从各个方面研究了社会资本和个人成长的关系,他们发现,个人社会资本的高低和其成长性及个人价值正相关。随着研究的不断深入,研究者们进一步发现,人力资本和社会资本只是实现组织高绩效的潜在能力,员工态度和行为则是将潜在能力转化为现实能力的工具,员工的态度和行为在将知识资本转化为组织绩效的过程中扮演着极为重要的角色,有效的人力资源管理实践通过诱导或控制员工的态度与行为,最终实现组织绩效。

基于上述观点,Luthans 等学者首次提出心理资本的概念,并认为同人力资本和社会资本一样,心理资本是企业创造竞争优势的关键要素。心理资本已逐渐成为人力资源领域的研究热点,它是超越人力资本和社会资本的一种核心心理要素,通过投资并开发"你是谁"来获取竞争优势,其基础由"你是谁"组成,而不是"你知道什么"或"你知道谁"。心理资本基于积极的心理学方式,关注人的积极方面和优点,体现个人对未来的信心、希望、乐观和毅力,关注个人或组织在面对未来逆境时的自我管理能力。在个人层面上,心理资本指促进个人成长和绩效的心理资源;在组织层面上,心理资本与人力资本和社会资本类似,心理资本通过改善员工绩效最终实现组织的投资回报和竞争优势。心理资本具有独特性,能有效地测量和管理。通过投资与开发心理资本,能改善绩效、形成组织竞争优势。经济学家 Goldsmith, Veum 和 Darity 的研究结果表明,个体的心理资本与其生产率和实际工资之间存在显著的正相关,而且,与人力资本相比,心理资本对个体的实际工资水平的影响更大。在管理领域进行的许多研究都表明,心理资本能够对领导或员工的工作绩效和工作态度产生积极影响。而且,与人力资本和社会资本相比较,心理资本的影响作用更大。

有学者提出,心理资本与人力资本和社会资本共同构成了个体所拥有的可以客观测量、投资开发和有效管理的人力资源。蒋建武、赵曙明指出,人力资本是个人身上所蕴涵的知识和技能,可以通过积累经验、接受教育、培训技能等手段得到提升;社会资本指通过关系、联系网络和朋友而建立的关系资源,是包含在员工群体和员工网络中的知识;心理资本则描述了员工对未来的信心、希望,它是一种状态,而非特质,可以通过训练获得并发展,它和人力资本及社会资本共同决定了个人和组织的竞争力。

由此,我们不难看出,人力资本、社会资本和心理资本共同决定了人才的竞争力,即人才价值可以由其所拥有的人力资本、社会资本和心理资本来衡量。在人力资本、心理资本和社会资本均可以度量的情况下,它们量值的变化也就反映了人才竞争力和人才价值的变化。所以,人力资本、心理资本和社会资本可以评价人才成长状况。

(三)人才成长评价指标体系分析与构建

既然人才成长状况可以由其具有的人力资本、心理资本和社会资本来衡量。那么,人力资本、心理资本和社会资本就组成了人才成长评价体系的一级指标,如表3-9所示。

表3-9 人才成长评价指标

一级指标	二级指标
人力资本	知识
	技能
	经验
社会资本	网络密度
	互动强度
	信任
	共同语言
	共同愿景
心理资本	希望
	乐观
	自我效能感
	坚韧性

根据经典的人力资本理论,人力资本体现在人的身上,表现为人的知识、技能、经验等能力和素质,是可以进行量化比较的;Nahapiet 和 Ghoshalt 创立了从结构、关系和认知维度的角度测量组织社会资本的理论框架。后续有诸多学者以此为参考框架,用以衡量及测量各种形式的社会资本。柯江林、郑晓涛、石金涛和朱秀梅在 Nahapiet 和 Ghoshalt 研究的基础上提出,结构纬度的社会资本包含网络密度与互动(网络)强度,关系纬度的社会资本则主要由信任度来衡量,认知纬度的社会资本由共同语言、共同愿景组成,它们可以测量个人和组织所拥有的社会资本。Luthans 和 Youssef 明确表示,积极心理资本由自我效能感(或自信)、希望、乐观和坚韧性四个维度构成,这些都是个体的基本心理力量和状态,都符合积极、独特、可以测量、可以开发和与绩效相关等积极组织行为的标准。在国内外学者所开发的 11 种心理资本量表中,只有 Luthans 等开发的 PCQ-24 的信度和效度得到了检验,而该量表也是由这四个纬度构成。由此,知识、技能、经验、网络密度、互动强度、信任、共同语言、共同愿景、自我效能感、希望、乐观、坚韧性 12 个指标组成了人才成长评价体系的二级指标。人才成长评价指标体系组成如图 3-4 和表 3-9 所示。

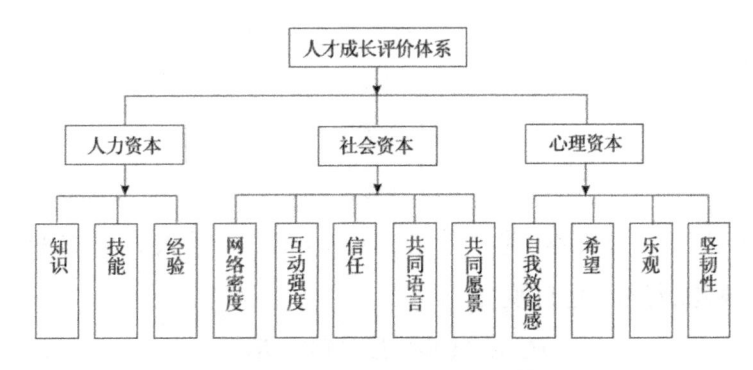

图 3-4 人才成长评价指标体系

二、人才成长三维资本结构模型

本节首先对相关文献作了归纳,阐述了人才成长三维资本结构模型的设计思想,而后通过实证研究来验证人才成长三维资本结构模型。

(一)人才成长三维资本结构模型设计思想

人才价值可以由其所拥有的人力资本、社会资本和心理资本来衡量,根据西方经济学的观点,资本的提升意味着价值的增值,价值的增值也就意味成长、发展。由此,人力资本、社会资本、心理资本就组成了人才成长的三维资本结构,可以评价人才成长状况。在此三维资本结构中,人才的成长状况由其所拥有的资本进行衡量。人才成长了,他所拥有的资本量必然提升,即在人才的人力资本、社会资本和心理资本中,至少有一个资本得到了提升;而任何一个资本得到了提升,即意味着人才所拥有的资本总量也在提升,这说明人才在成长。所以,人才的成长状况可以用以三个资本为函数的数量模型来表示。为对人才成长状况进一步细化研究,按照以上的研究思路,构建人才成长指数方程:

$$Gt = f(Hc, Sc, Pc)$$
$$\partial G/\partial H > 0$$
$$\partial G/\partial S > 0$$
$$\partial G/\partial P > 0$$

其中,Gt 为人才成长指数,说明人才的成长状况,是因变量;Hc、Sc、Pc 是自变量,Hc 为人才的人力资本,Sc 为人才的社会资本,Pc 为人才的心理资本。根据我们的定义,Gt 为单调递增函数。

同样,依照本文分析,分别建立人力资本、心理资本、社会资本的方程式:

$$Hc = f(Kn, Te, Ex)$$
$$\partial H/\partial K > 0$$
$$\partial H/\partial T > 0$$
$$\partial H/\partial E > 0$$

其中,Hc 代表人力资本,是因变量,Kn、Te、Ex 是人力资本的衡量因子,分别代表知识、技能、经验,是自变量。

$$Pc = f(Se, Ho, Op, Re)$$
$$\partial P/\partial S > 0$$
$$\partial P/\partial H > 0$$
$$\partial P/\partial O > 0$$
$$\partial P/\partial R > 0$$

其中,Pc 代表心理资本,Se、Ho、Op、Re 则分别指自我效能感、希望、乐观、坚韧性(复原力)。

$$Sc = f(Nd, Is, Tr, Sm, Sv)$$
$$\partial S/\partial Nd > 0$$

$$\partial S/\partial I_s > 0$$
$$\partial S/\partial T_r > 0$$
$$\partial S/\partial S_m > 0$$
$$\partial S/\partial S_v > 0$$

同理,Sc 代表社会资本,Nd、Is、Tr、Sm、Sv 是社会资本的衡量因子,分别代表网络密度、互动强度、信任度、共同语言、共同愿景。

建立人才成长指数的联立方程如下:

$$\begin{cases} Gt = f(Hc, Sc, Pc) \\ Hc = f(Kn, Te, Ex) \\ Sc = f(Nd, Is, Tr, Sm, Sv) \\ Pc = f(Se, Ho, Op, Re) \end{cases}$$

此公式不但指出了人才成长三维资本结构的构成,还给出了人才成长状况的评价方法和人才成长指数的测算及比较方法。

(二)人才成长三维资本结构模型实证检验

在提出三维资本结构模型的基础上,本研究采用现场访谈和问卷调查的方式收集数据,并通过数据分析对三维资本结构模型进行实证检验。

1. 样本特征

鉴于前人在企业实例的基础上提出了许多有争议的观点,本研究为了避免实例研究缺乏代表性的问题,采用现场访谈和问卷调查(包括现场发放和电子邮件发放)的方法收集数据。为了收集足够多的高质量数据,面对面先后访谈了北京中关村 IT 产业集群、上海张江高科技园区微电子产业集群、武汉光谷光电子产业集群、顺德家电、家具及花卉产业集群中的代表性企业,如北京四通集团、北京梦天游信息技术有限公司、中关村软件有限公司、上海展讯通信有限公司、中芯国际集成电路制造(上海)有限公司、江钻股份公司、烽火科技公司、长飞光纤光缆有限公司、光谷新光电有限公司、华工科技有限公司、武汉纵畅技术有限公司、美的集团、瑞福家具公司、万和电器公司、今日生物公司等。本次问卷调查,对产业集群企业共发放问卷 520 份,其中现场发放 100 份,电子邮件发放 420 份。先后回收 480 份,回收率 92.3%。为比较研究,本次实证研究另向北京、上海、武汉、广州、顺德等地区的非产业集群企业发放调查问卷 463 份,其中现场发放 100 份,电子邮件发放 363 份;先后回收 321 份,回收率 88.4%。经最后统计,本次问卷调查共发放问卷983份,其中现场发放200份,电子邮件发放783份,共回收801份,回收率81.5%。通过对调查问卷进行初步处理后发现,在801份问卷中,有80份存在缺失值。因此最后进入模型构建的有效问卷为721份,有效样本占回收问卷的78.6%,其中产业集群企业有效问卷415份,非产业集群企业有效问卷306份。问卷发放及回收情况如表3-10所示。

表3-10 问卷发放及回收情况统计表

调查问卷企业	发放地点	发放数量	比例/%	回收数量	回收率/%	有效问卷
产业集群	武汉	130	13.2	120	92.3	109
	上海	110	11.2	98	89.1	90
	广东	150	15.3	149	99.3	126
	北京	130	13.2	113	86.9	90
	合计	520	52.9	480	92.3	415
非产业集群	武汉	110	112	81	73.6	78
	上海	110	11.2	69	62.7	65
	广东	133	13.5	98	73.7	92
	北京	110	112	73	66.4	71
	合计	463	47.1	321	69.3	306
合计		983	100	801	81.5	721

Nunnally被他人经常引用的建议是:被试人数N是变量p的10倍。Boomsma建议,样本数最少大于100,但大于200更好。然而,Velicer和Fava回顾相关文献,认为N/p或N/t并非越大越好。Bollen认为,虽然没有简单法则可循,但要求每个自由参数应当有数个被试是合理的。侯杰泰等建议,大多数模型需要至少100至200个被试。本次调查来自产业集群和非产业集群的有效样本数量均远超过上述标准。因此,本次收集的有效样本企业数量符合上述要求,可以对具有代表性的712个样本进行统计分析。

(1)样本企业性质

根据我国《公司法》《合资企业法》《中外合作经营企业法》《中外合资企业法》《外资企业法》《个人独资企业法》等法律及有关法规有相关规定,企业法人包括:全民所有制企业(即国有企业)、集体所有制企业、联营企业、三资企业、私营企业及其他企业。

本研究将企业性质划分为国有企业、集体企业、股份合作企业、联营企业、私营企业、其他内资企业、港澳台商投资企业和外商投资企业8大类,其中国有企业42家、集体企业41家、股份合作企业258家、联营企业50家、私营企业67家、其他内资企业41家、港澳台商投资企业107家、外商投资企业115家,如表3-11所示。

表3-11 样本企业性质

企业性质	数量	百分比/%
国有	42	5.8
集体	41	5.7
股份	258	35.8
联营	50	6.9
私营	67	9.3
其他内资	41	5.7
港澳台商投资	107	14.8
外商投资	115	16.0
合计	721	100.0

(2)样本填写人职位分布情况

为使调查问卷具有普遍代表性,我们重点考虑了企业中高层管理人员和技术人员。在721份有效问卷中,高层管理人员(董事长、总裁/总经理、副总裁/副总经理、总监)有58人,中层管理人员(部门经理、业务主管)有277人,基层管理人员有76人,技术人员有272人,技师有28人,其他职位人员有10人。其中,中高层管理人员占总填写人数的46.5%,技术人员占总填写人数的37.7%(表3-12)。

表3-12 样本填写人职位分布

职位	数量	百分比/%
高管	58	8.0
中层	277	38.4
基层	76	10.5
技术人员	272	37.7
技师	28	3.9
其他	10	1.4

(3)样本填写人的学历层次情况

本次问卷调查对象中高科技企业较多,且中高层管理人员比例较大,所以本次高学历调查对象的比例较高。在总共 721 份有效样本中,博士有 43 人,硕士有 225 人,本科有 276 人,大专有 169 人,高中及以下人员有 8 人。其中大学本科以上学历人员占了本次调查对象的 75.5%(表 3-13)。

表 3-13　调查对象学历层次分布

学历	数量	百分比/%
高中及以下	8	1.1
专科	169	23.4
本科	276	38.3
硕士	225	31.2
博士	43	6.0
合计	721	100.0

(4)填写人所在部门分布

本次研究,我们所调查的企业均有规范的组织设计。为了得到全面的实证数据,我们调查了各企业的绝大多数部门。按照填写人的填报,我们将全部部门区分为 7 种:高层决策部门(董事长、总裁/总经理、副总裁/副总经理、总监办公室)、人事行政部门、财务部门、销售部门、生产部门、技术研发部门、其他部门。样本填写人所在部门分布详细情况如表 3-14 所示。

表 3-14　职位填写人部门分布

部门	数量	百分比/%
高层决策	58	8.0
人事行政	45	6.2
财务	28	3.9
销售	117	16.2
生产	105	14.6
技术研发	295	40.9
其他	73	10.1
合计	721	100.0

2. 变量说明及其量表来源

本研究主要涉及的变量包括：人力资本、社会资本和心理资本三大类型。变量的测量是研究设计的重要环节。为了保证问卷的有效性，问卷设计尽量采用并整合国内外相关研究中比较常见的测量量表或项目，并根据国内情况进行了修正。本研究所涉及的研究变量在人力资本、社会资本和心理资本等研究文献中均有论述，而且这些测量量表在相关文献中被证明是有效的和可靠的。各变量的定义及其量表参考来源如表3-15所示，对所有题目均采用李氏5分制进行测量和评价。

表3-15 变量定义及其量表来源

变量	定义	参考量表或文献
人力资本	人力资本体现在人的身上，表现为人的知识、技能、经验等能力和素质	斯密（Adam Smith）；舒尔茨；穆勒（Mill John）；李忠民
社会资本	社会资本就是基于网络过程所形成的行为规范和人们之间的信任，它们能促成产生好的社会和经济结果	布迪厄；科尔曼；Putnam；Paldam，Durlauf 和 Fafehamps；Nahapiet 和 Ghoshalt；朱秀梅；石金涛
心理资本	心理资本是指人的积极心理状态，主要包括自信或自我效能感、希望、乐观和坚韧性四个方面	Goldsmith，Veum 和 Darity；Seligman；Luthans；蒋建武；赵曙明

3. 因子分析

本研究是在参考国内外相关文献，借鉴人力资本、社会资本和心理资本等成熟理论的基础上设定各个指标的衡量项目，因此，各个项目具有很高的鉴别程度。首先，采用SPSS 16对总计721份样本的12个人才成长评价题目进行因子分析。因子分析的目的是将原有变量中的信息重叠部分提取和综合成因子，进而最终减少变量的个数，所以要求原变量之间存在较强的相关关系。否则，如果原有变量相互独立，没有信息重叠，那么也就无法将其综合和浓缩，也就无须进行因子分析。一般而言，可以通过计算原有变量之间的相关系数、巴特利特球度检验和KMO（Kaiser-Meyer-Olkin）检验判定原变量是否适合进行因子分析。

表3-16显示了原变量的KMO检验和巴特利特球度检验的结果。经检验，Bartlett球形检验的卡方值为6736，显著水平（sig值为0.000）小于0.001，表明相关矩阵不是单位阵。抽样性检验之KMO系数为0.851，根据Kaiser给出的KMO

度量标准,KMO值在0.9以上表示非常适合进行因子分析,0.8表示合适,而本研究中原有变量的KMO值为0.851,高于0.8,说明题目的相关矩阵间有共同因子存在。通过以上两项统计指标的检验,表明本研究适合对数据进行因子分析。

表3-16 KMO和巴特利特球度检验

抽象性检验 KMO 系数		0.851
巴特利特球度检验	卡方值(approx,chi-square)	$6.736×10^3$
	自由度(df)	66
	显著水平(sig)	0.000

确定因子数目的方法有计算因子的特征根值和累计方差贡献率两种。表3-17显示了初始因子解、因子解和最终因子解三种情况下因子的特征根值、方差贡献率和累计方差贡献率。如表3-17所示,初始因子解情况下,因子特征根值大于1的因子共有三个,其累计方差贡献率为78.464%。所以提取这三个因子可以解释原有变量的大部分信息,且信息丢失量较少。

表3-17 因子解释原有变量总方差的情况

因子编号	初始因子解			因子解			最终因子解		
	特征根植	方差贡献率/%	累计方差贡献率/%	特征根植	方差贡献率/%	累计方差贡献率/%	特征根植	方差贡献率/%	累计方差贡献率/%
1	4.802	40.016	40.016	4.802	40.016	40.016	3.876	32.298	32.298
2	3.084	25.704	65.719	3.084	25.704	65.719	3.403	28.359	60.657
3	1.529	12.744	78.464	1.529	12.744	78.464	2.137	17.806	78.464
4	0.618	5.151	83.615	—	—	—	—	—	—
5	0.471	3.927	87542	—	—	—	—	—	—
6	0.331	2.762	90.304	—	—	—	—	—	—
7	0.289	2.407	92711	—	—	—	—	—	—
8	0.252	2.100	94.811	—	—	—	—	—	—
9	0.211	1.758	96.568	—	—	—	—	—	—
10	0.178	1.487	98.055	—	—	—	—	—	—
11	0.124	1.036	99.091	—	—	—	—	—	—
12	0.109	0.909	100.000	—	—	—	—	—	—

另外,由图 3-5 所示,第一个因子的特征根值最高,对解释原有变量贡献最大;第三个以后的因子特征根值都很小,从而对解释原有变量贡献很小,已成为可以被忽略的"高山脚下的碎石",因此提取三个因子是合适的。

表 3-18 显示了因子载荷矩阵。如表 3-18 所示,信任、共同愿景、互动强度、网络密度和共同语言 5 个指标变量在第一个因子上的载荷很高,因此它们与第一个因子的相关程度很高,所以第一个因子非常重要。而希望、自我效能感、坚韧性、工作技能、工作经验和乐观 6 个指标变量在第二个因子上的载荷很高,因此它们与第二个因子的相关程度很高,所以第二个因子也非常重要。

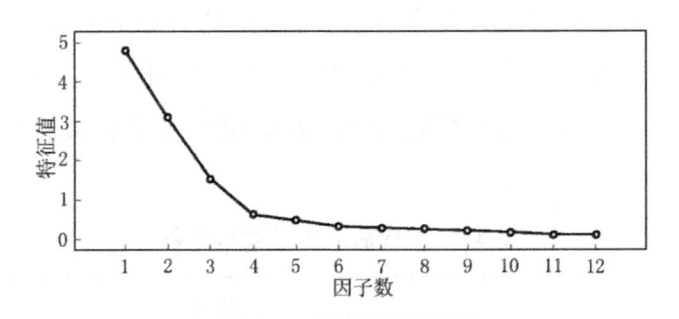

图 3-5　因子的碎石图

表 3-18　因子载荷矩阵

指标变量	因子 1	因子 2	因子 3
信任	0.825	0.138	0.177
共同愿景	0.880	0.215	0.262
互动强度	0.744	0.468	0.212
网络密度	0.714	0.221	0.296
共同语言	0.701	0.504	0.215
希望	−0.637	0.619	0.226
自我效能感	−0.634	0.520	0.284
坚韧性	−0.621	0.564	0.286
工作技能	0.213	0.694	−0.480
工作经验	0.197	0.690	−0.541
乐观	−0.628	0.631	0.278
知识	0.036	0.411	−0.661

但由表 3-18 可知,指标变量"知识"在三个因子上的载荷度都不高,同时第三个因子与原有指标变量之间相关性较小,对于原有变量的解释并不明显。且两个和原变量相关性强的因子的实际含义也比较模糊。因此,采用方差最大法对因子载荷矩阵进行正交旋转,指定按第一因子载荷降序的顺序输出旋转后的因子载荷,旋转后的因子载荷矩阵如表 3-19 所示。

由表 3-19 可知,共同愿景、互动强度、共同语言、信任和网络密度在第一个因子上有较高的载荷,因此第一个因子解释了这几个变量,按照相关研究文献,可以解释为社会资本;乐观、希望、坚韧性、自我效能感在第二个因子上有较高的载荷,因此第二个因子解释了这几个变量,可以归纳为心理资本;工作经验、工作技能、知识在第三个因子上的载荷较高,因此第三个因子主要解释了这三个变量,可以归纳为人力资本。与旋转前相比,因子和变量的相关性更强了,因子的含义也更加清晰。

表 3-19 旋转后的因子载荷矩阵

指标变量		因子		
		1	2	3
社会资本	共同愿景	0.905	−0.264	0.025
	互动强度	0.881	−0.033	0.201
	共同语言	0.863	0.018	0.215
	信任	0.847	−0.362	0.047
	网络密度	0.790	−0.146	−0.018
心理资本	乐观	−0.114	0.922	0.087
	希望	−0.148	0.897	0.120
	坚韧性	−0.133	0.875	0.041
	自我效能感	−0.162	0.852	0.015
人力资本	工作经验	0.210	0.119	0.865
	工作技能	0.251	0.139	0.822
	知识	−0.088	−0.026	0.774

表 3-20 显示了三因子的协方差矩阵。从中可以看出,三个因子没有线性相关性,实现了因子分析的设计目标。

表 3-20　因子协方差矩阵

因子	1	2	3
1	1.000	0.000	0.000
2	0.000	1.000	0.000
3	0.000	0.000	1.000

下面,根据因子分析提取的因子变量对问卷进行可靠性检验。可靠性检验主要是评价问卷量表的可靠性和稳定性,涉及量表项目内部一致性程度。一般采用 Cronbach's α 系数对问卷量表进行可靠性检验。Cronbach's α 系数越高,表示该量表的内部性质越趋于一致。关于可接受的最小信度系数是多少,一般来说,在研究的早期阶段,Cronbach's α 系数在 0.50～0.60 以上即可接受,介于 0.7 与 0.9 之间则表示高信度。许多学者(Develis,Nunnally,林山等,王永贵)认为 Cronbach's α 系数 0.70 以上是可接受的。如表 3-21 所示,各变量的信度系数分布在 0.764～0.925,都大于 0.70,表现出较好的内部一致性。因此,此次通过问卷调查获得的样本数据是可靠的,可以进一步利用这些数据对按照因子分析得到的 3 个新变量进行相关的研究分析。

表 3-21　因子分析结果的可靠性检验

因子变量	均值	项目间相关系数	Alpha 系数
社会资本	3.937	0.714	0.925
心理资本	4.314	0.751	0.924
人力资本	3.469	0.546	0.764

4. 多元线性回归

本研究利用 SPSS 16 对通过因子分析提取的变量进行多元回归分析。

(1)人才成长状况的回归分析

以三个新的因子变量作为自变量,同时引入"人才成长状况"作为因变量,研究三个资本与成长之间的变化规律。

因前文已作过理论推导,所以此处解释变量筛选策略采用强制进入策略,并作多重共线性检验。结果如表 3-22～表 3-24 所示。

表 3-22　拟合优度检验

模型	复相关系数 R	判定系数 R^2	调整的判定系数	回归方程的估计标准误差
1	0.941	0.886	0.885	0.356

表 3-23　回归方程显著性检验

模型		离差平方和	自由度	均方和	F 观测值	概率 P⁻值
1	回归	703.125	3	234.375	1.854×10^3	0.000
	余差	90.650	717	0.126	—	—
	合计	793.775	720	—	—	—

表 3-24　多元回归分析结果

模型		偏回归系数	偏回归系数的标准误差	标准化偏回归系数	t	概率 P⁻值	多重共线性检验 容忍度	VIF
1	社会资本	0.555	0.013	0.528	41.860	0.000	1.000	1.000
	心理资本	0.587	0.013	0.559	44.329	0.000	1.000	1.000
	人力资本	0.569	0.013	0.542	42.943	0.000	1.000	1.000

从表 3-22 可以看到，被解释变量和解释变量的复相关系数及判定系数 R^2 分别为 0.941 和 0.886，均较接近 1。但考虑到此处有多个解释变量，因此应重点考虑调整的判定系数，此处调整后的判定系数为 0.885，也较接近 1。所以，被解释变量可以被模型解释的部分较多，不能被模型解释的部分较少，即拟合优度较高。

表 3-23 为回归方程显著性检验。从表 3-23 可以看到，被解释变量的总离差平方和为 793.775，回归平方和及均方分别为 703.125、234.375，剩余平方和及均方和分别为 90.650 和 0.126，F 检验统计量的观测值为 1854，对应的概率 P⁻值近似为 0，小于显著性水平 0.01。因此此处应拒绝回归方程显著性检验的原假设，认为各回归系数不同时为 0，被解释变量与解释变量全体的线性关系是显著的，可建立线性模型。

表 3-24 是多元回归分析结果，从表中可以看出，所有变量的回归系数显著性 t 检验的概率 P⁻值均近似为 0，小于显著性水平 0.01，因此应拒绝原假设。薛微认为，膨胀因子 VIF 取值大于或等于 1。VIF 取值越接近 1，表明解释变量间的多重共线性越弱；VIF 取值越大，表明解释变量间的多重共线性越强。如果膨胀因子 VIF 取值大于 10，即认为解释变量之间存在严重的多重共线性。而此处容忍度和方差膨胀因子数值均为 1，因此，变量间不存在多重共线性问题，所有变量与被解释变量线性关系显著，均可以保留在模型中。

采用标准化回归系数,可衡量自变量对因变量的贡献度。

得出最终标准化回归方程为:

$$人才成长 = 0.528Fac1 + 0.559Fac2 + 0.542Fac3$$

人才成长指数方程为:

$$Gt = 0.528Sc + 0.559Pc + 0.542Hc$$

可以看出,人才成长指数与人才所拥有的社会资本、心理资本和人力资本均呈正相关,而且心理资本对人才成长的解释力要略强于社会资本和人力资本,这也和现今国内外诸多研究结论相一致。

(2)社会资本与其衡量指标的多元回归分析

按照因子分析的结果,采用 SPEE 软件对公因子1与信任、共同愿景、互动强度、网络密度和共同语言5个变量作多元线性回归,研究社会资本和这5个变量的数量变化规律。此处调整后的判定系数为 0.958,较接近1。所以,社会资本可以被模型解释的部分较多,不能被模型解释的部分较少,即拟合优度较高。F 检验统计量的观测值为3313,对应的概率 P^- 值近似为0,小于显著性水平 0.01,因此此处应拒绝回归方程显著性检验的原假设,社会资本与5个变量全体的线性关系是显著的,可建立线性模型。多元回归结果如表 3-25 所示。

表 3-25 社会资本多元回归结果

模型	偏回归系数	偏回归系数的标准误差	标准化偏回归系数	t	概率 P^- 值	多重共线性检验 容忍度	VIF
互动强度	0.318	0.018	0.255	17.231	0.000	0.256	3.771
网络密度	0.275	0.012	0.251	22.595	0.000	0.469	2.132
信任	0.100	0.017	0.095	5.863	0.000	0.221	4.521
共同语言	0.336	0.017	0.276	20.272	0.000	0.311	3.213
共同愿景	0.270	0.021	0.240	12.804	0.000	0.165	6.063

从表 3-25 可以看出,所有变量的回归系数显著性 t 检验的概率 P^- 值均近似为0,小于显著性水平 0.01,因此应拒绝原假设。同时,方差膨胀因子数值远小于10,因此变量间不存在多重共线性问题,所有变量与被解释变量线性关系

显著,均可以保留在模型中。得出最终的标准化回归方程为:

社会资本＝0.255 互动强度＋0.251 网络密度＋0.095 信任＋0.276 共同语言＋0.240 共同愿景

即社会资本的方程式为:

$$Sc = 0.255Is + 0.251Nd + 0.095Tr + 0.276Sm + 0.240Sv$$

从社会资本的方程式可以看到,互动强度、网络密度、共同语言和共同愿景对社会资本的解释力度均较大。Nahapiet 和 Ghoshalt 认为社会资本的结构维度是考察有关企业网络是否存在,关系维度是考察企业网络存在的质量,而认知维度则是关于联系的认知的质量,如网络内部各方是否真正理解对方等。因此,认知的社会资本才是社会资本中最深层的内容。本研究结果可以看出,认知纬度对社会资本的解释度为0.516,结构纬度对社会资本的解释度为0.506,而关系纬度对社会资本的解释度仅为0.095。所以,本研究从实证角度验证了 Nahapiet 和 Ghoshalt 对社会资本三个纬度的解释。

(3)心理资本与其衡量指标的多元回归分析

按照因子分析的结果,采用 SPEE 软件对公因子 2 与希望、乐观、坚韧性和自我效能感 4 个变量作多元线性回归,研究心理资本和这 4 个变量的数量变化规律。此处调整后的判定系数为 0.966,较接近 1。所以,心理资本可以被模型解释的部分较多,不能被模型解释的部分较少,即拟合优度较高。F 检验统计量的观测值为 5193,对应的概率 P^- 值近似为 0,小于显著性水平 0.01,因此此处应拒绝回归方程显著性检验的原假设,心理资本与这 4 个变量全体的线性关系是显著的,可建立线性模型。多元回归结果见表 3-26。

表 3-26　心理资本多元回归结果

模型	偏回归系数	偏回归系数的标准误差	标准化偏回归系数	t	概率 P^- 值	多重共线性检验 容忍度	VIF
希望	0.281	0.017	0.241	16.856	0.000	0.277	4.408
乐观	0.364	0.018	0.315	20.571	0.000	0.198	5.051
坚韧性	0.340	0.014	0.273	23.710	0.000	0.352	2.843
自我效能感	0.329	0.014	0.259	24.107	0.000	0.403	2.483

从表 3-26 中可以看出,所有变量的回归系数显著性 t 检验的概率 P^- 值均近似为 0,小于显著性水平 0.01,因此应拒绝原假设。同时,方差膨胀因子数值远小于 10,因此变量间不存在多重共线性问题,所有变量与被解释变量线性关系显著,均可以保留在模型中。

得到最终的标准化回归方程为:

心理资本=0.241 希望+0.315 乐观+0.273 坚韧性+0.259 自我效能感

即心理资本的方程式为:

$$Pc=0.241Ho+0.315Po+0.273Re+0.259Se$$

从心理资本的方程式可以看到,乐观对社会资本的解释力度最强,希望对心理资本的解释力度最弱,但四者之间的差别并不明显。

(4) 人力资本与其衡量指标的多元回归分析

按照因子分析的结果,采用 SPEE 软件对公因子 3 与知识、工作技能和工作经验 3 个变量作多元线性回归,研究人力资本和这 3 个变量的数量变化规律。此处调整后的判定系数为 0.968,较接近 1。所以,心理资本可以被模型解释的部分较多,不能被模型解释的部分较少,即拟合优度较高。F 检验统计量的观测值为 7182,对应的概率 P^- 值近似为 0,小于显著性水平 0.01,因此此处应拒绝回归方程显著性检验的原假设,心理资本与这 3 个变量全体的线性关系是显著的,可建立线性模型。多元回归结果如表 3-27 所示。

表 3-27 人力资本多元回归结果

模型	偏回归系数	偏回归系数的标准误差	标准化偏回归系数	t	概率 P^- 值	多重共线性检验 容忍度	VIF
知识	0.561	0.010	0.447	58.237	0.000	0.761	1.313
工作技能	0.619	0.017	0.362	35.397	0.000	0.431	2.322
工作经验	0.558	0.016	0.375	34.979	0.000	0.390	2.563

从表 3-27 中可以看出,所有变量的回归系数显著性 t 检验的概率 P^- 值均近似为 0,小于显著性水平 0.01,因此应拒绝原假设。同时,方差膨胀因子数值远小于 10,因此变量间不存在多重共线性问题,所有变量与被解释变量线性关

系显著,均可以保留在模型中。得出最终的标准化回归方程为:

人力资本=0.447知识+0.362工作技能+0.375工作经验

即人力资本的方程式为:

$$Hc = 0.447Kn + 0.362Te + 0.375Ex$$

从人力资本的方程式可以看到,知识对人力资本的解释力度最强,工作技能和工作经验对人力资本的解释力度要稍弱。

5. 研究结论

本节以中国上海、北京、武汉、广州和顺德的79家企业为研究样本,实证探讨了社会资本、心理资本和人力资本与人才成长状况之间的关系,检验了理论推导所得出的人才成长三维资本结构模型,并得出了人才成长指数(Gt)方程:

$$Gt = 0.528Sc + 0.559Pc + 0.542Hc$$

$$Sc = 0.255Is + 0.25INd + 0.095Tr + 0.276Sm + 0.240Sv$$

$$Pc = 0.241Ho + 0.315Po + 0.273Re + 0.259Se$$

$$Hc = 0.447Kn + 0.362Te + 0.375Ex$$

从上式可以看到,总体上,社会资本、心理资本和人力资本与人才成长状况均有显著的正相关。其中,心理资本对人才成长状况的解释力度最强,社会资本和人力资本对人才成长状况的解释力度稍弱,但三者的解释度差距并不明显。从单个资本来看,它们的构成要素均能很好地解释各个资本量值的变化。其中,社会资本的认知维度包含共同语言和共同知识,对社会资本的解释力度最强;乐观和坚韧性对心理资本的解释力度要强于希望和自我效能感;知识比工作技能和经验更能解释人力资本的变化。

结合文献归纳、理论推导和实证检验,基于社会资本、心理资本和人力资本的三维资本模型能够解释人才的成长状况,它构成了人才成长的评价体系。

第四章 组织冲突对科研团队人才集聚效应影响机理及冲突调控

第一节 科研团队人才集聚的内涵界定

一、科研团队人才集聚现象

(一)科研团队人才集聚现象的概念

经济要素及其相关活动在空间上并非均匀分布,而总是呈现局部集中的特征。人才是一种特殊的经济要素,它在物理空间或者虚拟空间上的集中会导致人才在这两类空间中的密度高于其他空间,形成人才集聚现象。人才集聚现象是指在一定的时间内,伴随着人才流动,一定数量同类型或相关人才按照一定的联系,在某一地区(物理空间)或者某一行业(虚拟空间)所形成的聚类现象。借鉴人才集聚现象的概念,结合科研团队的内涵,本研究认为,科研团队人才集聚现象是指在一定时空条件下,一定数量的相关人才以科研团队为聚集单元所形成的人才群体聚类现象。

(二)科研团队人才集聚现象的特征分析

1. 空间性

在人才集聚过程中,宏观上人才资源通过人才市场不断重新配置,或集聚于众多企业中,或游离于企业之外,或集聚于人才市场中等待重新配置,或集聚于专业性教育机构中学习培训,进行人力资本投资。科研团队是比企业、科研机构或高校更小的组织单元,是人才创新的重要集聚载体。人才通过市场机制进入企业、高校或科研机构后,需要根据人才的类型和特点对人才进行重新配置。所以,人才的配置过程需要以一定的时空条件为基础。

2. 聚类性

人才集聚现象既有人才数量上的集中,也有人才汇集中的"聚类",包括一定数量人才类别的差异性,也包括同类人才之间的相似性,即表现为在某一团队或者某一虚拟团队中集中了大量同类型人才。人才集聚现象表现出人才按类集聚的特征。

3. 规模性

人才交易成本的降低导致人才在创新单元的集聚,这种集聚持续进行,并在达到一定规模后才会呈现出规模化特征。各种类别的人才集聚在科研团队中,人才总量不断增加,当达到一定临界点时,就会出现人才规模化特征。人才集聚的规模化由两个部分组成,其一是人才在一定时空集聚的数量规模化;其二是人才所拥有的人力资本所呈现出的规模化效应。

二、科研团队人才集聚效应

人才集聚现象是以人才流动和空间创新要素配置为基础的。类似于经济现象,人才集聚现象往往会产生两种不同的效应:其一是人才集聚的不经济效应;其二是人才集聚的经济效应。

(一)人才集聚的不经济效应

人才集聚的不经济效应是指具有一定内在联系的人才,在一定空间内的聚集过程中所产生的人才集聚作用低于各自独立作用的效应。类似于其他经济现象,人才集聚现象是人才要素在流动过程中所引起的创新资源要素与生产要素的重构,是引致性因素和驱致性因素共同发挥作用的过程,重构是否达到帕累托最优状态受到多种因素的制约,最终结果可能会产生人才集聚的作用小于或等于不聚集的作用,从而导致人才集聚的不经济性。

造成人才集聚不经济性的原因主要包括以下三个方面的因素:

1. 人才集聚缺乏有效的联系机制

人才集聚仅表现在人才数量的上升和人才规模的扩张,但未能形成规模效应。规模是事物发展到某种程度产生质变的临界点。根据经济理论可知,规模是规模经济的前提;类似地,人才规模也是人才集聚效应的前提。单个人才工作在一个团队内,不存在联系与合作,也不会出现人才集聚的聚合效应。聚合效应的实现是以适度的人才规模为基础的,若没有适度的人才规模,就不可能产生规模效应。因此,适度的规模是人才集聚效应的必要条件而非充要条件。即具有适度的规模不一定必然形成规模效应,出现规模效应的前提是集聚的人才间必须存在有效的内在联系(分工与协作),缺乏有效内在联系的人才集聚本质上会导致人才群体一盘散沙,难以形成规模效应,也就更不会产生人才集聚的经济性效应。

2. 不和谐的集聚环境

人才集聚效应受到组织内外环境的影响和制约,人才集聚效应的实现必须是在和谐的内、外部环境条件下产生的,如果没有和谐的内、外环境条件,人才聚集势必出现不经济性。人才集聚环境包括宏观环境与微观环境,以微观的人才工作环境为例,一个人才如果不能很好地实现入岗匹配,就可能出现人才的用非所学现象,导致人才浪费,更难以实现人才与组织的匹配和融合,人才的效能就不能充分发挥,更谈不上协同合作,从而会出现人才集聚的不经济效应。

3. 组织冲突处置不当

人才在集聚过程中不可避免地存在着各种各样的冲突,这些冲突既有积极的作用,同时也伴随着消极的影响。如果不能有效地化解或治理冲突,就会削弱冲突的积极作用,增大冲突的破坏性影响,从而可能导致人才集聚的不经济效应。

(二)科研团队人才集聚经济效应的概念与特征

1. 人才集聚效应的概念

为了研究方便,本研究只将人才集聚经济效应作为人才集聚效应,而将不经济效应归入人才集聚现象之中。人才集聚的经济效应是指具有一定内在联系的人才,在一定的区域内以类聚集,在和谐的内外部环境作用下,发挥超过各自独立的作用,产生加总效应。

人才集聚效应可以理解为人才集聚现象从量变到质变的不断交互演化的过程。因此,人才集聚可以划分为两个阶段,即初级阶段和高级阶段。其中,初级阶段以量变为主,表现为人才集聚现象,而高级阶段以集聚效应的出现为标志,表现为人才集聚效应或经济效应。与人才集聚现象相比,人才集聚效应是在人才规模适当、配置合理、环境和谐等众多因素影响下实现的,包括人才集聚的规模效应、信息共享效应、知识溢出效应、创新效应等多个方面。人才集聚效应将带动知识创新与技术创新,最终促进生产力的发展。

2. 科研团队人才集聚效应的概念及其特征

借鉴牛冲槐教授关于人才集聚效应的研究成果,同时结合科研团队的内涵及特征,本研究认为科研团队人才集聚效应是指具有一定内在联系的人才,在一定的团队空间内以类集聚,在和谐的内外环境条件下,在彼此沟通、协作、共享和共生中产生了分工协作关系,降低了知识交易成本,实现了知识获取、吸收、整合、创新与应用,从而产生了系统协同创新效应。一般的人才集聚效应具有信息共享效应、知识溢出效应、创新效应、集体学习效应、激励效应、时间效应、区域效应与规模效应八个特征。一般人才集聚效应的研究主要侧重于宏观的区域或产业空间,比如区域效应和规模效应。激励效应主要考虑外因(激励机制)对人才集聚创新的影响,时间效应则考察知识、技术的时效性。本研究认为,这两类效应本质上不属于人才集聚效应的核心要素。同时,对于微观的科研团队而言,既需要遵循一般人才集聚效应的特性,同时也应体现科研团队的创新性、知识共享性、学习性与知识溢出性等特点。因此,本研究认为,科研团队人才集聚效应具有以下特征:

(1)信息共享效应

人才集聚在一个团队单元,产生了空间位置的集中性、临近性、连接性与开放性,克服了时间及空间障碍,使经济要素和资源要素可以实现迅速的低成本配置,从而提高了配置效率,致使团队搜索信息成本降低,使得信息发送者可能以极低的成本传递信息或共享信息,实现信息资源、知识资源效益的最大化,从而形成信息共享效应。同时,信息具有降低或消除不确定性的功能,信息资源共享减少了信息不对称和机会主义行为,提高了创新成功的概率。此外,科研团队已经成为组织创新的主要形式,人才之间经过长期的合作博弈,建立了较高的互信度和协作友情,促进了知识交流、扩散与分享,尤其是隐性知识的挖掘与学习,进而增强了信息共享效应。

(2)知识溢出效应

知识属于公共产品或准公共产品,知识溢出效应取决于知识的外部特征。知识溢出是指知识尤其是隐性知识在团队内部或团队之间的扩散、传递、转移和整合。知识所具有的无限性、递增性、流动性特征与人才知识所具有的有限性、时效性、学习性特征相结合,使知识溢出无疑成为知识创新的重要路径。同时,由于大部分知识是隐性的、难以传递的,即知识具有隐性特征,因此,人才通过集聚在一定空间,以物理的直接接触或虚拟的"面对面"交流的方式,尤其是人才之间的非正式交流,能够有效克服正式渠道的时效性不足,实现思想、方法、经验、知识与技术的不断沟通、交流与碰撞,达到彼此学习、相互感知的目的,从而实现知识的整合与重构,使得隐性知识显性化并产生"知识溢出效应"。

(3)集体学习效应

集体学习效应可以被界定为信息处理能力和认知能力,包括创新性、问题解决能力、合作能力和信息吸收能力等。集体学习效应是知识溢出效应的联动效应。人才之间凭借地理的接近性与知识结构的相似性,便捷了沟通与交流。为了获得更多的隐性知识,人们更愿意创造一种集体学习的氛围,彼此间能够得到更多的学习和成长机会,并以此来获得更大程度的开放和交互力度。通过"百花齐放、百家争鸣"式的集思广益、博采众长,实现思想、建议、观点、构想的自由迸发,从而提升学习能力、反思能力和解决问题的能力。

(4)创新效应

创新效应与知识溢出效应密切相关。知识溢出是隐性知识的外部化和交流,而显性知识可以通过非面对面的过程共享、学习和应用。对显性知识进行创新成本高、难度大,而隐性知识具有稀缺性特征,再加上人才掌握隐性知识的程度不一,会产生各种各样的创新表现,形成创新效应。此外,随着创新的复杂性与不确定性增强,创新已从线性模式向非线性、网络化等复合模式转变,单个人才难以在创新链上提高创新的成功率,而团队集群内成员通过相互学习、相互合作,打破了僵化的思维模式,通过交互式学习形成了一种新的不断创新的路径,从而降低了创新风险,提高了创新效应。

第二节 组织冲突对科研团队人才集聚效应的影响机理

一、人才集聚系统组织化与劣质化

(一)管理熵理论与人才聚集系统组织化和劣质化概念

1. 管理熵与管理耗散结构的相关理论

(1)管理熵与管理耗散结构

建立 TAS(Talent Aggregation System,简称 TAS)有利于企业对 TAS 的发

展演化进行及时的管理和控制,但如何促进其向组织化方向发展,降低其出现劣质化倾向的概率,需要对TAS组织化和劣质化的演化机理进行深入解析。由于TAS具有复杂性、开放性、动态性和不确定性等特征,同时,它还存在着传统线性工具解决复杂问题的缺陷,因此,需要采用更为有效的方法和工具来解决这一问题。熵理论为处理这一复杂问题提供了新的思路。

熵理论被广泛应用于自然科学领域,后来又与管理科学理论相结合,形成了"管理熵"的概念。管理熵是指任何一种管理的组织、制度、政策、方法等,在相对封闭的组织运动中,总呈现出有效能量逐渐减少,无效能量不断增加的不可逆的过程。也就是说,系统的能量随着熵的增加而出现"贬值"现象,增加了"退化"的能量,而且这种能量的大小与不可逆过程所引起的熵的增加成正比,这也被称为组织结构中的管理效率递减规律。这是因为当系统内部各要素之间的协调发生障碍时,或者由于环境对系统的不可控输入达到一定程度时,系统就很难继续围绕目标进行控制,从而在功能上表现出某种程度的紊乱,表现为有序性减弱、无序性增强。系统的这种状态,我们称为系统的熵值增加效应。因此,如果TAS是一个封闭系统,必将产生管理熵增,增加无序性,降低人才聚集效应。这是因为在封闭系统中,只有管理熵,而且熵值不断积累扩大,如果不打破封闭的状态,TAS终将走向劣质化极点,出现僵化平衡态。

20世纪60年代末,普里戈金提出耗散结构这一概念,主要用于研究远离平衡态的系统从无序到有序的演化规律。耗散结构理论的应用领域已经从自然科学扩展到了社会科学,耗散结构理论与管理科学融合,形成了管理耗散与管理耗散结构的概念。管理耗散是指当一个远离平衡态的复杂企业组织,不断与环境进行能量、物质和信息的交换,在内部各单元之间的相互作用下,负熵增加,从而使组织有序度的增加大于自身无序度的增加,形成新的有序结构和产生新的有效能量的过程。管理耗散结构是指管理耗散过程中形成的自组织和自适应企业组织系统。根据管理耗散结构理论,在开放式TAS中,随着管理熵的增加,系统可以通过与外部进行能量、物质、信息的交换及自组织机制,增加系统负熵,克服系统混乱,提升系统有序性,增强人才聚集效应,提高系统组织化程度。

(2)基于管理熵和管理耗散结构的TAS分析框架

根据类比原理,TAS的人才聚集效应类似于组织中的管理效率。其中,TAS中的"管理熵"是指在TAS运行过程中,由于系统内各种因素的影响,导致

TAS 运行绩效下降的程度,即管理熵是对人才聚集效应产生不利影响的度量。在相对封闭的系统中,TAS 的有效能量不断减少,系统无序性不断增加,随着系统熵值趋于极大值,TAS 也趋于宏观静止的平衡态。管理熵描述了系统是一个不可逆的过程,揭示了人才聚集效应不断减弱的趋势。TAS 中的"管理耗散"是指当一个远离平衡态的 TAS 不断与环境相互作用,即进行物质、能量与信息的交换,在其内部产生相互作用,导致负熵产生并累积,从而提升系统的有序性,形成新的有序结构的过程。由此,根据人才聚集理论,借鉴管理熵和管理耗散理论形成分析框架,在 TAS 及其组织化和劣质化概念界定的基础上,分析影响 TAS 的因素,建立 TAS 熵值模型和人才聚集效应模型,从管理熵和管理耗散视角剖析 TAS 组织化和劣质化的演化机理。

2. 人才集聚系统组织化与劣质化概念解析

人才聚集效应是指具有一定内在联系的人才,在一定的组织空间以类聚集,在和谐的内外部环境作用下,分工明确、协作共享、发挥超过各自独立的作用,产生加总效应。人才聚集包括经济效应和非经济效应。其中,经济效应等同于人才聚集效应,属于正效应;非经济效应不能实现 1+1>2 的协同效应,属于负效应。人才聚集效应的产生和提升受到 TAS 的影响和制约。所谓人才聚集系统(Talent Aggregation System,简称 TAS),是指在一定时空条件下,彼此联系的相关科技型人才结成创新网络,人才之间协同合作、彼此吸引、互相促进、共同演进,以产生 1+1>2 的作用的人才体系。比如,被称为"世界物理学发源地"的英国卡文迪许实验室,曾培育了 25 位诺贝尔奖获得者,就是 TAS 所产生的"人才聚集效应"的典型。

TAS 的发展演化受到管理熵与管理耗散(负熵)的影响和制约。在管理熵与管理负熵的作用下,产生熵增效应与熵减效应的共同影响,不断演化,呈现出组织化与劣质化不断交替、共生共存的格局。组织化、劣质化是社会系统在发展过程中存在的两种基本趋势,对于社会系统组织化而言,哈肯、普利高津等学者创立协同学、耗散结构理论论述了系统从无序到有序的动态变化,即社会系统的组织化过程。其中,物理学中的无序是指在一定条件下,系统中各种粒子杂乱无章地分布;人才集聚系统的无序状态是指在一定条件下,相关人才由于人才规模失当、人才结构匹配不合理、人才内外环境不和谐等因素所造成的人才集聚系统低绩效状态,即人才集聚非经济效应。物理学中的有序是指在一定条件下系统中各种离子均匀、整齐分布；人才集聚系统的有序是指在一定条件下，在和谐的环境中，人才之间彼此联系、相互作用所形成的人才集聚系统的高绩效状态，即产生人才集聚经济效应。借鉴社会系统组织化的概念，TAS 的组织化可以理解为人才聚集从无序到有序的变化，即人才聚集效应不断增强的过程。劣质化是相对于组织化而言的，TAS 的劣质化是指 TAS 从有序向无序的蜕变，可以理解为对人才聚集帕累托最优状态的偏离程度或异化程度，即对当前 TAS 组织性或有序性的破坏或阻碍。根据上述概念界定，组织化和劣质化是 TAS 演化的两种倾向和趋势，人才聚集效应是 TAS 演化特征的表征指标。

TAS 中，组织化与劣质化是同时并存的，在管理熵居于支配地位时，TAS 总体上沿着劣质化方向演化，管理熵越大，人才聚集效应越弱；在管理负熵居于支配地位时，TAS 总体上沿着组织化方向演化，管理负熵越大，人才聚集效应就越强。TAS 劣质化的极限状态将导致人才聚集出现完全的非经济效应，TAS 组织化的极限状态将形成人才聚集完全的经济效应。从长期来看，TAS 的发展演化是劣质化与组织化互相作用、彼此联系、不断循环往复的过程，也是人才聚集经济效应与非经济效应交错更替、不断发展的过程。

TAS 是一个开放的系统，一般而言，管理正熵在系统内部起主导作用，管理负熵在系统外部占据优势地位。但从更广泛的意义来说，不管是管理正熵还是管理负熵，它们的影响因素都可能来自系统内部、外部或者内外部兼有。管理正熵与管理负熵相对独立、相互影响、共同变化。因此，辩证、科学地认识和分析哪些因素影响 TAS 管理熵的变化具有重要意义。

(二) 科技型人才聚集系统中管理熵的影响因素

TAS 的高效运行，即管理负熵起主导作用，系统趋于有序性，实现人才聚集效应的产生与提升，主要取决于和谐的人才聚集环境因素。这种环境的和谐包括人与人、人与组织、人与社会的和谐。作为某一时刻或时段的 TAS 状态，本质上都是人与人关系相互作用的结果，而人或组织的行为往往受到一定因素的影响和支配。

1. 制度因素

TAS 的人才流动制度、人才使用制度、人才激励制度及社会保障制度等是影响管理熵的重要变量。在系统内部，新制定实施的人才流动制度、使用制度、激励制度等在实行的初期是最有效率的，对人才聚集发挥着重要的促进作用。

但随着环境的动态性、复杂性变化,许多制度变量的有效性逐渐降低,反而会阻碍其他制度变量的发展,导致系统内部的管理熵不断增加、累积。

2. 文化因素

企业文化是影响人才聚集的软环境。一般而言,创新的企业文化通过正确的价值理念、积极的行为模式、良好的职业道德和包容的创新氛围等,以愿景认同、目标导向为基础,注重学习与创新,能够创造融洽、和谐的氛围,增进人际互信,减少组织冲突和摩擦,增强团队观念,对提升企业人才吸引力、内聚力、创新力具有重要作用,有助于人才聚集效应的产生和提升。但随着环境产生复杂性和动态性变化,如果企业文化没有进行及时的变革和创新,将导致文化的适应性、有效性下降,表现为因循守旧、抱残守缺、僵化变质,从而产生文化熵增,不利于人才聚集效应。

3. 组织结构

组织结构是反映组织要素空间配置、职能分工、协调合作的模式,具有多层级性、多功能性特征,层级之间、功能之间耦合、互动影响。由于企业的生存和不断发展,组织结构通常会经历一个成长、复制、放大、裂变、蜕化的过程。比如,初期的组织结构因契合 TAS 的要求,具有旺盛的生命力,人才聚集及其效应逐渐提升。但随着组织结构的复制、膨胀、老化,管理熵增加,有效能量降低,人才聚集效应递减。原因在于组织结构与 TAS 的匹配性逐渐下降,增加了系统内部各功能单元、人与组织之间、人与人之间的冲突和摩擦,造成了创新资源的浪费,导致能量减弱、适应性降低。

4. 信息沟通渠道

信息沟通渠道在一定程度上取决于组织结构因素。组织结构越合理、科学、有效,信息沟通渠道就越畅通、有效,从而为知识的获取、吸收、共享、整合和应用提供平台,有利于 TAS 的运行。但随着组织结构层级的增加、幅度的变宽,信息沟通渠道的长度延长、宽度增加,就会增加信息流动过程中信息失真的风险,增加信息不对称性,降低信息的准确性、及时性和价值性,这势必对人才沟通的意愿、行为和绩效产生不利影响,从而增加 TAS 的管理熵,导致人才聚集效应递减。

5. 资源配置因素

资源配置关乎 TAS 的生存和发展,主要包括人才组织冲突对科研团队人才集聚效应的影响机理及冲突调控研究资源、经济资源、物质资源、管理资源等的配置。如果资源配置机制缺乏科学性、有效性,如出现"圈子文化""子群体"等利益群体,导致资源配置不公,会让人产生心理愤懑、怨恨与不公平感。长此以往,将引起组织冲突,造成组织环境的不和谐,降低员工的工作满意度与情感承诺,导致资源浪费、内耗增加,势必产生管理熵增。

6. 领导风格因素

领导风格是人才聚集、组织创新的关键变量。在 TAS 中,如果领导风格出现问题,必将对人才聚集效应产生负面影响。比如,TAS 初期建立的家长式领导风格,曾对人才引进、培训、配置、使用、创新产生过积极作用,但随着 TAS 的不断发展,家长式领导风格不再适应 TAS 的发展变化,比如,"一言堂"式的决策形式、行政命令式的沟通方式、死气沉沉的工作氛围等都会导致人才的积极性、主动性降低;权力距离的拉大、沟通的僵化,也会弱化人际信任,促进管理熵的增加,从而抑制人才聚集效应的产生和提升。

二、社会物理学视角下组织冲突对人才集聚效应的影响机理

(一)社会燃烧理论诠释冲突条件下人才集聚演化的依据

自然界的燃烧现象,包括物理过程和化学过程。燃烧通常需要满足燃烧材料、助燃剂和点火温度这三个基本条件。社会物理学应用该原理,将社会的无序、不稳定、不和谐及崩溃,同燃烧现象进行了合理的类比和解释。①导致社会无序的根本动因,即随时随地发生的"人与自然"关系的不协调和"人与人"关系的不和谐,可以被理解为社会失稳的"燃烧物质";②某些媒体的错误导向、虚假报道、夸大其词的言论、谣言的蔓延、小道消息的传播、敌对势力的恶意攻击、非理性的推断、自我利益的最大化、社会心理的严重失衡等,均起到了社会动乱中燃烧的"助燃剂"作用;③具有一定规模和影响力的突发性自燃或社会事件,通常可以作为社会动乱中的导火索或"点火温度"。通过上述三个基本条件的合理类比,可以把社会稳定状况引到一个严格的理论体系和统计体系的分析框架中,以研究社会系统的劣质化过程。

根据社会燃烧理论的基本内容可知,社会燃烧理论主要用来分析社会系统的劣质化过程。人才集聚系统是社会系统的子系统,人才集聚系统同样也具有系统劣质化的过程。这是因为:①在一定时空条件下,科研团队人才集聚受到多

种因素的影响和制约,呈现出经济效应与非经济效应两种状态。人才集聚的演化过程表现出其组织化与劣质化交互影响、不断叠加、此消彼长的特征。②本研究假定在其他条件不变的情况下,考察组织冲突对科研团队人才集聚效应的影响。相关研究指出,人才集聚效应与组织冲突具有重要关系。根据社会燃烧理论,组织冲突属于组织燃烧的基本物质,组织冲突分为任务冲突(建设性冲突)和关系冲突(破坏性冲突)。其中,任务冲突对人才集聚效应具有积极影响,关系冲突对人才集聚效应具有消极影响。③在科研团队成长和发展的过程中,存在影响组织冲突的两类因素。一类因素如良好的组织文化、便捷的沟通机制、柔性化的组织变革机制和公平的利益分配机制等,起着激发和提升建设性冲突的作用;另一类因素包括人才个体差异、沟通障碍、组织结构失调和不公平的利益分配格局等,引发和加速破坏性冲突的产生和升级,相当于人才集聚系统劣质化过程中的"助燃剂"。④随着破坏性冲突的不断产生和升级,组织中的负能量不断集聚,当负能量累积到一定程度和规模,达到人才集聚非经济效应的临界值,相当于起到了人才集聚系统冲突事件的点火温度效应,将出现人才集聚的劣质化过程,产生人才集聚的非经济效应。

(二)基于社会燃烧理论的人才集聚效应方程建构

作为社会物理学的重要组成部分,社会燃烧理论的突出贡献在于其解析了系统组织的解体和系统有序的解构过程,即从有序到无序的社会系统的劣质化。作为社会子系统的人才集聚效应系统,同样存在着从有序到无序的劣质化转变。因此,本研究借鉴社会燃烧理论,从组织冲突的视角,把组织冲突界定为建设性冲突(任务冲突)与破坏性冲突(关系冲突),建构人才集聚效应方程(Equation of Talent Aggregation Effect,ETAE),旨在诠释组织冲突对人才集聚效应的影响机理。

规定 ETAE 是在一定的时间(t)、空间(a)和社会规模尺度(β)下,人才集聚效应系统从常态到非常态、从有序到无序、从组织到崩溃的动力学度量。

$$ETAE(t,a,\beta)=f_1(M)\cdot f_2(A)\cdot f_3(D)$$

式中,$f_1(M)$表示冲突源(燃烧物质),本研究规定$f_1(M)$为组织冲突,包括建设性冲突(任务冲突)与破坏性冲突(关系冲突);$f_2(A)$表示组织冲突激发能(助燃剂),此处规定$f_2(A)$为信息误导、流言、心理不安全、非理性判断、心理扭曲等因素所产生的负能量;$f_3(D)$表示组织劣质化触发阈值(点燃温度),规定

$f_3(D)$ 为人才集聚效应劣质化的最低平均动能,即系统劣质化临界值。$f_1(M)$ 是在一定的条件下,由系统中背离人与组织关系和谐的差距(人与组织的冲突)和背离人与人关系和谐的差值(人际冲突)这两者的综合度量共同反映。它服从"拉格朗日社会变体方程"的形式。

$$f_1(M)_{t,a,\beta} = \int_t^{t+1} \left\{ 1 - \left[\frac{SK}{SK_0} - SK(T-T_0)\ln P \right] \right\} dt$$

式中,SK 是维持人才集聚效应系统的现实控制力;SK_0 是实现人才集聚效应的最优控制力;T 是背离人才集聚效应状态下的"组织温度";T_0 是处于人才集聚效应状态下的"组织温度";P 是偏离现实组织制度的微观存在状态,P 值越大,偏离组织状态数就越多,服从于波尔兹曼熵原理中的社会混乱度和熵增原理。SK 作为正向约束变量,本研究赋予 SK 为引起建设性冲突的要素,称为正向机制因素。它通常包括组织文化、良性沟通、组织变革机制、激励机制、共同愿景机制和利益分配机制等因素。可以表述为式:

$$SK = \sum_i SK_i$$

其中,正向作用机制的具体内容主要包括以下五个方面:

1. 良好的组织文化

在组织管理实践中,组织应改变领导风格,去除僵化、独裁、家长式的领导作风,建立包容型领导风格,努力营造鼓励冲突的文化氛围。领导者也应切实秉承"以人为本"的宗旨,包容员工的个性化特征和差异化需求,勇于、善于听取员工的建议,鼓励员工挑战现状、挑战权威,提出新思想、新见解,激励员工分享知识,平等参与企业决策,并认可员工的贡献,实现员工与组织的协同发展。

2. 畅通的沟通渠道

畅通的沟通渠道是激发建设性冲突的有效手段,通过面对面沟通,直接产生与员工的建设性冲突,增加冲突负熵。沟通包括正式沟通与非正式沟通,对于正式沟通,组织应形成有效的制度机制,运用相应的技术促进沟通的制度化、经常化和规范化,提升沟通的效果;对于非正式沟通,管理者应恰当利用非正式沟通渠道激发良性冲突效应,激励员工的质疑精神和反思能力,从而产生新思想,提高建设性冲突水平。

3. 激励冲突的制度

制度是激励建设性冲突的根本保障。增加冲突负熵的关键在于明确建设性冲突的合法地位,在组织内部建立鼓励冲突的制度。同时,组织内必须营造鼓励冲突的氛围,形成一种畅所欲言的氛围,管理者必须率先示范,坦然接受冲突并积极引导成员参与良性冲突,激励组织成员敢于向现状挑战、倡议革新观念、提出不同看法。

4. 组织结构变革机制

结构是对工作任务如何进行分工与协调合作,反映组织要素排列顺序、空间位置、聚散状态、联系方式及其相互作用的一种模式。传统的组织结构易引发破坏性冲突,员工士气低落、积极性不高,从而导致人才集聚的负效应。此时,需要对组织结构进行诊断和分析,变革组织结构,实现组织结构的扁平化、网络化和虚拟化,从而保障组织的沟通顺畅,使组织成员在不断交换认知信息的过程中,提升对彼此的认知度和相互学习的能力。此外,非正式沟通也有利于激发建设性冲突,产生新思想、新方法。

5. 共同愿景机制

科研团队中的人才具有不同的制度约束、文化背景以及合作的动态性和人才的分散性特征,会产生不同的预期和目标。因此,建立共同愿景是提高人才信任水平的一个可行选择。愿景是人才共同的心声,能把各种资源融合起来,产生激励人、鼓舞人的力量。因此,人才在愿景的引导下能够将个人目标与组织目标相融合,有利于培养组织和个人诚信,使全体成员融为一体,淡化人与人之间的利益冲突,从而形成一种巨大的凝聚力、驱动力和创造力,产生目标相容效应,提高人才之间的信任水平。

同时,对人才集聚效应系统实施解体的剥蚀变量 $(T-T_0)\ln P$,作为人才集聚效应劣质化因子,赋予劣质化因子为造成各种破坏性冲突的因素,称为负向作用机制,包括人才个体差异(个性特征、价值观与个人目标)、沟通不畅、组织结构失调、利益分配不公等因素。

$$(T-T_0)\ln P = \sum_i (T-T_0)\ln P_i$$

其中,负向机制的主要内容包括以下四个方面:

(1)个体差异

虽然个性特征具有一定的稳定性,但个体差异是客观存在的。由个体差异而产生冲突的因素主要包括个性特征、个人目标与价值观等方面。在人才集聚过程中,一方面,如果个性差异过大会给其他组织成员造成心理压力,产生情感冲突,从而分散创新精力;另一方面,也可能因价值观或目标差异产生工作任务上的分歧与偏见,造成合作难度加大,智力分散,难以产生集聚协同创新效应。因此,由个体差异引起的冲突一旦由隐性转变为显性,势必对协同创新产生消极影响。

(2)沟通不畅

适度的人才规模是人才集聚产生创新的必要前提。在一定的人才规模下,人才之间必然存在大量的信息、知识、技术的交互。在这个过程中,沟通起着关键作用,是一种信息交互的过程。高水平的沟通可以消除误解,促进人际互信;而低水平的沟通往往由于信息本身的模糊性或不准确性、信息传播介质的障碍,或因发送者与接受者之间因认知方式不同而产生的不同理解、彼此的不信任或其他情绪因素等导致冲突。因此,成功的沟通对创新产生正向作用,失败的沟通事倍功半,导致偏见增加,加大了冲突的可能性,并对未来的合作创新产生影响,可能造成人才集聚效应的劣质化倾向。

(3)组织结构失调

组织结构的本质在于构建了成员之间的依赖关系,当这种关系因认知差异、目标分歧阻碍了各方的行为和意愿时,冲突就会发生。尤其是随着虚拟技术的不断发展和市场信息的复杂性、多变性,同时,随着社会分工不断深化与专业化要求的不断提高,组织结构发生了巨大变化,网络化、扁平化和虚拟化逐渐成为其主要特征,这对人才集聚效应提出了更高的要求。因为在其协作创新过程中,可能会因目标、文化、权责利益等差异产生人才之间的局部利益之争,结果会出现协作不利、推诿扯皮现象,从而引发组织冲突,致使组织人才心理失衡,"组织温度"上升,偏离组织制度的微观状态数增多,熵值增大,混乱度提高,从而推动人才集聚效应的解构过程。

(4)利益分配不公

组织是各种利益竞争的载体,利益冲突是组织冲突的核心,大多数冲突都可以归结为利益冲突。组织利益具有复杂性和多样性,是经济利益和非经济利益的混合体。经济利益如薪酬待遇、知识产权、预期利润等,非经济利益如组织中的声望、地位与荣誉等。利益分配失调主要体现在利益的差异性、利益分配不公、薪酬体系不合理和利益的稀缺性。比如,组织中薪酬的分配,不同的人、不同的团队会根据其贡献得到相应的薪酬。但是如果组织的薪酬体系设计不合理、不完善,存在"制度漏洞"与执行不力等现象,成员感到分配不公,就会出现不满和心理愤懑,造成心理焦虑,心理健康恶化程度增强,成员之间心理距离拉大,结果导致冲突发生,从而积聚组织不和谐的负能量。

因此,如果 $\frac{SK}{SK_0} - SK(T-T_0)\ln P = 1$,表示组织冲突为 0,如果 $\frac{SK}{SK_0} - SK(T-T_0)\ln P \to +\infty$,表示组织冲突已经充满组织,即达到人才集聚效应,呈现非经济性的最大能量储备。这表明冲突达到最大值,冲突与组织创新绩效呈倒 U 形关系。此时,系统人才集聚效应趋近于零。

$f_2(A)$ 在特定的条件下,通常由组织心理水平所产生的组织激发能描述。激发能 U 服从社会心理谱的波尔兹曼分布,要求组织成员和由心理状态引发的总激发能满足:

$$N = \sum_i n_i \text{ 与 } U = \sum_i u_i n_i$$

式中,N 表示组织成员数,U 表示由所有组织成员构成的激发能总和。组织激发能的平均状态可表述为:

$$\bar{U}_u = \bar{U}_i - U_0$$

式中,$\bar{U}_u$ 为人才集聚效应助燃剂所具有的组织激发能,$\bar{U}_i$ 为大于波尔兹曼能级分布中高出平均状态下概率所积聚的平均组织激发能;U_0 为正常组织心理状态下的平均组织能。组织激发能由组织冲突引起,反映组织的整体心理焦虑与恶化状态,用心理距离表示,心理距离越大,心理焦虑水平越高,激发能就越大,从而集聚负能量,增加系统动能储备,加速破坏性冲突对人才集聚效应的劣质化进程。

$f_3(D)$ 是指特定条件下,达到瞬间可以引起人才集聚效应非经济效应的临界值。该临界值所需要的最低平均动能,可以有效地克服组织势垒,以快变量的形式实现类似于量子跃迁的能量释放,起到人才集聚效应系统冲突事件的点火温度效应。

$$E_d \geqslant E_0$$

式中,E_d 代表大于或等于人才集聚效应系统非经济性触发阈值所需的平均动能(E_0)。

在构成人才集聚效应的三大因素中，$f_1(M)$表达了对人才集聚效应系统起支配作用的慢变量，取值范围为0~1，反映了$f_1(M)$对于人才集聚效应发展演化的基础性与决定性作用；$f_2(A)$表达了对人才集聚效应系统起增强作用的中变量，作为冲突的第一订正因子，取值范围为±0.2，反映了破坏性冲突与建设性冲突力量对比后所产生的动能储备（负能量）；$f_3(D)$表示对人才集聚效应系统起临界作用的快变量，作为第二订正因子，其取值范围为±0.1，反映人才集聚效应劣质化的临界值。三者之间的关系可写成：

$$\text{ETAE}_{t,a,\beta} = \left\{ \left[\int_t^{t+1} \left\{ 1 - \left[\frac{SK}{SK_0} - SK(T - T_0) \ln P \right] \right\} dt \right] \exp\left(\int_t^{t+1} \bar{U}_u dt \right) \right\} \exp\left(\int_t^{t+1} E_d dt \right)$$

通过分析综合模型可知，在人才集聚效应过程中，由于人才个体差异所产生的价值观念、个人目标、个性特征的差异性，沟通不畅所产生的信息断层、失真和信息不对称，组织结构失调所造成的协调困难、推诿扯皮现象，利益分配所产生的不公平、心理愤懑、仇视与敌意等问题，必然在人与人之间、人与组织之间产生差异，从而产生梯度，进而产生"力"，称为"冲突力"，包括正向冲突力和负向冲突力。其中，正向冲突力促进人才集聚效应的稳定与发展，负向冲突力破坏其稳定性，并对人才集聚效应产生解体作用。两种冲突力通过竞争与对比，随着时间的推进而不断演化发展，"组织温度"不断升高。当扩大组织无序的破坏性冲突所产生的边际负向力，超过维系组织系统的建设性冲突所产生的边际正向力时，通过信息误导、心理感知、非理性判断、社会心理扭曲等助燃剂的不断催化，组织熵逐渐增大，负能量不断累积，提升了破坏性冲突的规模、频率与强度，从而实施着冲突的第一订正因子的作用，以$f_2(A)$表示。在$f_1(M)$与$f_2(A)$的共同作用下，能否达到人才集聚效应系统的非经济效应，需要$f_3(D)$对于"组织触发阈值"的突破，促使人才集聚效应系统从平衡态到远离平衡态，从有序走向无序，从而产生人才集聚效应从经济效应到非经济效应的蜕变。

（三）组织冲突对人才集聚效应的影响分析

组织冲突是影响人才集聚的重要变量，但组织冲突对人才集聚影响机理的分析主要定位于冲突的消极作用。从本质上看，这种冲突观依然是传统的一维冲突观，即仅看到冲突的不利或破坏性影响，而忽视了其对于组织的建设性作用。研究冲突对于人才集聚效应的影响机理，必须建立辩证的冲突观，并且需要区分不同的冲突类型，剖析不同类型的冲突对人才集聚效应的影响。对于冲突类型而言,学者们进行了较多研究。比如,Jehn 把冲突分为任务冲突、关系冲突。还有学者把冲突概括为情感冲突和认知冲突。虽然这两种冲突类型划分方法不同,但冲突的内涵和维度结构相近。其中,情感冲突和关系冲突含义相近,指的是基于主观感性,往往由于个性不兼容而产生紧张、沮丧等不良情绪的冲突;而认知冲突与任务冲突一致。本研究探讨冲突效应时借鉴了前一种分类方法。

关系冲突属于组织燃烧的基本物质,是产生人才集聚效应劣质化的负向力。对于人才个体而言,关系冲突往往伴随着愤怒、焦虑、抑郁、不安、紧张和烦躁,对个人认知、情绪等心理因素具有消极影响。关系冲突可以破坏人才之间的信任关系,会出现误会、打击报复等现象,分散员工精力,造成人际不和谐,降低团队协同力和聚集力,这对于人才集聚过程中知识的传递、共享、整合生成都具有不利影响。此外,关系冲突在人才心理方面产生消极作用,增加了组织温度,弱化了心理安全,降低了组织承诺与工作满意度,造成工作懈怠,士气不振,从而导致人才效能下降,责任感和忠诚度降低,甚至出现缺勤和离职。对于组织而言,关系冲突给组织目标、协调和决策均带来不利影响。由于受传统冲突观的影响,组织成员往往带着输赢导向参与冲突,结果在认识上偏见增加,在行为上合作减少、协调困难,陷入群体思维陷阱,导致决策失误。因此,关系冲突弱化了组织的沟通能力,或直接导致组织沟通的"孤岛现象",这样便僵化了组织成员的创新模式,不利于人才集体学习和规模效应的发挥。可见关系冲突构成了对人才集聚效应系统实施解体的剥蚀变量,是人才集聚劣质化因子的动力因素。

同样,任务冲突也是组织燃烧的基本物质,具有维系人才集聚效应系统的正向力属性。对于人才个体与组织创新而言,任务冲突鼓励员工重新考虑、探讨问题,并积极寻求问题的解决方案,从而提高创新绩效。比如,以"头脑风暴法"探讨团队任务,每个人才可以畅所欲言、自由探讨,开启想象力、激发灵感、集思广益,发挥知识协同效应,有利于人才之间的思维碰撞,促进隐性知识向显性知识转化,激发创新和想象力,产生知识溢出。此外,任务冲突还能够促进组织成员自我反思、自主学习、自主创新与自我发展。对于组织变革与生命力而言,中国的企业和组织由于受到传统文化的熏陶而历久弥坚,形成了特定的思维惯性,倡导"以和为贵",秉承"中庸之道""稳定压倒一切",为的是追求和谐局面。辩证冲突观的出现,打破了一维冲突理论,认为建设性冲突也是一种生产力,能够通过积极竞争、沟通与质疑,促进组织革新,保持组织旺盛的生命力。

综上所述,冲突是人才集聚效应系统的基本燃烧物质,且随着时间的积累,进一步通过激发能的催化,可以增加人才集聚无序化过程的"组织温度",扩大冲突的规模、频率和强度,完成组织熵增达到可以产生跃迁的能量储备,在人才集聚效应非经济效应的触发阈值点燃下,产生人才集聚效应的非经济性。但如果能正确认识冲突,采取积极态度,制定有效措施,就可能变破坏性冲突为建设性冲突,发挥冲突维系人才集聚效应系统稳定发展的作用,避免其无序、混乱,甚至崩溃,促进人才集聚效应的产生和提升。

三、突变论视角下组织冲突对人才集聚效应的影响机理

(一)尖点突变模型分析冲突条件下人才集聚效应的依据

根据 Thom 的突变理论,自然界和社会现象中的不连续现象可以通过某些特定的几何图形来表示。在参量小于或等于 5 的条件下,共有 11 种突变模型,满足在三维空间和一维时间的四个因子控制下的初等模型,可以归纳为七种类型。这七种类型的初等突变,按照其几何形状分别为折叠型突变、尖点折叠型突变、燕尾折叠型突变、蝴蝶折叠型突变、双曲脐折叠型突变、椭圆脐折叠型突变与抛物脐折叠型突变。其中,应用最为广泛的是折叠突变、燕尾突变和尖点突变,主要用来解释某种系统或现象从一种稳态向另一种稳态的跃迁或不连续变化。它通常具有双模态、突跳和滞后等基本特征。

人才集聚具有如下特点:①人才集聚具有经济效应和非经济效应;②非经济效应相对于经济效应更容易产生;③人才集聚经过量变积累达到一定条件可以由非经济效应转化为经济效应,人才集聚也可以由于人才环境不和谐等因素从经济效应转化为非经济效应;④组织冲突对人才集聚两种效应的转化具有重要影响。基于此,人才集聚具有对应于突变模型中的双模态、突跳与滞后现象的基本特征,而传统的数学模型无法有效地对它们进行合理的解释。因此,人才集聚经济效应与非经济效应的转化问题可通过突变理论得到有效分析。

在传统的七种突变模型中,尖点突变模型简单、实用,由三维图像、两维控制变量与一维状态变量组成,几何直观性很强,获得了广泛应用。一般而言,尖点突变模型主要用来解释或检验两个可以相互转化事物的质变演化过程。根据突变理论,尖点突变模型的势函数标准式为:

$$V(z,a,\beta)=-\frac{1}{4}z^4+\frac{1}{2}\beta z^2+az$$

式中,z 是状态变量,与人才集聚效应呈现线性关系;a、β 为控制参数,这里 β 表示分歧因子,a 为正则因子。控制参数 a、β 分别由影响人才集聚效应的任务冲突与关系冲突的线性组合构成。$V(z,a,\beta)$ 为势函数,势函数描述了一个三维相空间,其平衡曲面 M 由 $\frac{\partial V}{\partial z}=-z^3+\beta z+a=0$ 确定。对于突变点,同时要满足式:

$$\begin{cases}\frac{\partial V}{\partial z}=0\\\frac{\partial^2 V}{\partial^2 z}=-3z^2+\beta=0\end{cases}$$

通过计算可得到分歧点集满足的方程:$z=-4\beta^3+27a^2$。根据上述模型可知,人才集聚效应取决于任务冲突与关系冲突的组合变化,人才集聚经济效应与非经济效应的转化取决于控制变量的变化程度。尖点突变模型有两个控制变量 a 与 β,分别为正则因子与分裂因子。当 $z=0$ 时,系统处于临界平衡态,系统的状态可能发生突变;当 $z>0$ 时,系统将维持在平稳状态;当 $z<0$ 时,系统将会发生突变现象,处于不稳定的状态。

(二)科研团队人才集聚效应的尖点突变模型

1. 人才集聚效应经典尖点突变模型

近年来,突变理论在管理研究领域也获得了大量应用,如在组织契约、组织管理、预测与决策、竞争战略等方面。在突变理论的七种经典模型中,尖点突变模型因其结构简单、内涵丰富而得到了广泛应用。尖点模型具有突跳、双模态、滞后等突变特征,这与科研团队人才集聚经济效应与非经济效应两种状态及其相互转化具有相似之处,因此,使用尖点突变模型诠释人才集聚效应动力学具有合理性和可行性。于是,科研团队人才集聚效应演化的动力学方程可表示为:

$$\mathrm{d}z/\mathrm{d}t=-z^3+\beta z+a$$

式中,科研团队人才集聚效应 y 由线性变换 $z=(y-\lambda)/\sigma$ 来处理,λ、σ 是变换参数,参数 a 是正则因子,β 是分歧因子,y 是与状态变量 z 相关的观测变量。

2. 人才集聚效应动力学的随机尖点突变模型

根据数学理论,上式属于常微分方程,不存在随机变量的影响。但是对于科研团队人才集聚效应而言,其发展演化受到多种因素的影响,尚存在不确定性的内外因素的作用。因此,需要在常微分的基础上加上随机扰动项,得到式

$$dz = (-z^3 + \beta z + a)dt + dw(t)$$

式中,$dw(t)$反映了扰动因素。可以借助于上式对人才集聚效应的突变机制进行分析。但是在分析之前,必须确定相关参数($a, \beta, \lambda, \sigma$),这样才能更具体且深入地探讨人才集聚效应与任务冲突和关系冲突之间的关系,进一步明确组织冲突控制变量影响下人才集聚效应动力学演化的规律。

(三)科研团队人才集聚效应尖点突变模型的拟合

1. 收集数据及其信效度

本研究主要借鉴 Jehn 的研究,分别测度任务冲突与关系冲突。人才集聚效应由 4 个维度构成,分别为信息共享效应、集体学习效应、知识溢出效应与创新效应。量表均采用李克特五点量表测量方法。本研究采用邮寄、实地发放问卷与网上调查的方式获取调研数据,被试包括团队中的研究人员、管理人员。共发放问卷 300 份,最终有效问卷为 211 份。利用 spss 软件对量表进行信度与效度检验,各量表 Cronbach's α 系数在 0.647~0.917,量表的因子载荷在 0.5 以上,这说明量表的信度与效度满足统计计量的条件。

2. 尖点突变模型拟合方法

尖点突变模型的应用通常有两种方式:一是利用尖点突变模型进行定性的描述;二是采用相关数据进行参数估计,开展定量化拟合。在定性研究方面,Gilmore 提出了尖点突变模型的定性行为特征,其中最为突出的是突跳、滞后性与双模态等。第二种方式则是采用统计拟合程序,对尖点突变模型与数据进行匹配评估。一般而言,尖点突变模型应用于确定的环境中,而不能直接应用于社会科学领域。因为社会科学往往是复杂的,具有随机性。因此,Loren Cobb 在一般尖点突变模型的基础上加入白噪声[$dw(t)$],构成了随机尖点突变模型(Stochstic Dierential Equation,SDE):

$$dy = \frac{\partial V(y; \alpha, \beta)}{\partial y}dt + dw(t)$$

随机尖点突变模型(SDE)的概率密度函数可表示为：

$$f(y)=\frac{\psi}{\sigma^2}\exp\left[\frac{\alpha(y-\lambda)+\frac{1}{2}\beta(y-\lambda)^2-\frac{1}{4}(y-\lambda)^4}{\sigma^2}\right]$$

式中，$z=(y-\lambda)/\sigma$，σ 是一个归一化常数，λ 为变换参数，z,y，α,β 同上。

根据 Cobb 等的理论成果，α、β 是组织管理实践中观测变量的线性表达式。假设有 n 个观测变量$\{x_1,x_2,\cdots,x_n\}$，$\{z_1,z_2,\cdots,z_n\}$，w_i,a_i,b_i 是第 i 个可测变量的贡献因子，$i\in\{1,2,\cdots,n\}$。则 z、α、β 的表达式如式：

$$\begin{cases}z=w_0+w_1y_1+w_2y_2+\cdots+w_ny_n\\a=a_0+a_1x_1+ax_2+\cdots+a_nx_n\\ \beta=b_0+b_1x_1+b_2x_2+\cdots+b_nx_n\end{cases}$$

目前，突变模型的拟合方法主要有三个分支，一是 Cobb 提出的经典拟合方法，二是 Hartlmati 开发的替代算法，三是 Cobb 的改进算法。相比较而言，Cobb 提出的极大似然估计法因软件拟合的不稳定性，以及使用的困难性而导致其没有被广泛应用；Hartlmati 提出的方法更具有稳定性和针对性，还能够与 logistic 模型加以比较，以选择最优模型；第三种方法以 R 语言为平台，采用了 Cobb 等提出的极大似然估计，增强了由 Oliva 等提出的子空间拟合方法，使用更为简便，运行更为稳定、准确。此外，按照 AIC 和 BIC 准则判定模型的优劣，即当两个指标同时达到最小值时，所对应的尖点突变模型最佳。

3. 拟合结果

任务冲突与关系冲突对人才集聚效应具有重要影响。因此，本研究把关系冲突(x_1)与任务冲突(x_2)作为与分歧因子 β 和正则因子 a 相关的独立控制变量，人才集聚效应水平 y 作为与状态变量 z 相关的观测值。这样，拟合估计方法的原理可表示为式：

$$\begin{cases}z=w_0+w_1y_1\\a=a_0+a_1x_1+ax_2\\ \beta=b_0+b_1x_1+b_2x_2\end{cases}$$

本研究使用 R 软件，加载 cuspfit 软件包，输入搜集到的有效数据，采用极大似然估计法，对参数 $a_0,a_1,a_2,b_0,b_1,b_2,w_0,w_1$ 进行拟合估计。由于两个控制变量(任务冲突与关系冲突)与正则因子和分歧因子可能是一元函数,也可能是二元函数,同时,cuspfit 软件包允许 a_1,a_2,b_1,b_2 中的某些值为零,但 a_1,a_2 或 b_1,b_2 不能同时为零,这样共得到 8 个尖点突变拟合模型与 Linear、Logist 模型,详见表 4-1。根据评价准则,通过比较发现,模型 2 为最佳模型(AIC＝－453,BIC＝－439)。这是因为,一方面,只有模型 2 的参数估计的回归系数均呈显著性;另一方面,与其他模型及线性模型与 Logistic 模型相比较,其判断准则 AIC 与 BIC 取值均最小。因此,它对应的随机尖点模型动力学方程式为:

$$dz = (-z^3 + \beta z + a)dt + dw(t)$$

$$z = 0.61y_1, a = 1.19x_2, \beta = 2.52 + 0.60x_1$$

表 4-1 尖点突变模型参数估计结果

模型	a_0	a_1	a_2	b_0	b_1	b_2	w_0	w_1	AIC	BIC
1	10.70	－1.14	－0.26	－5.26	1.37	0.68	－1.46	0.87***	557	584
2	0	0	1.19**	2.52*	0.60***	0	0	0.61***	－453	439
3	－0.73	0.52	0.87***	-6.53*	0.89	0	－3.83	1.16***	－556	580
4	－1.88	1.28***	0.40	－6.77	0	0.65	－3.93**	1.14***	557	581
5	9.82	－1.19	0	－5.21	1.42	0.57	－1.56	0.89***	555	578
6	9.75	0	－1.15	－4.48	0.83	1.10	－1.49	0.88	555	579
7	6.76	0	－0.45	－1.52	0	0.94	－1.58	0.86***	583	603
8	－0.09	1.24***	0	－7.20*	0	0.97**	－3.86***	1.15***	555	575
Linear	—	—	—	—	—	—	—	—	143	157
Logist	—	—	—	—	—	—	—	—	138	148

注 显著性水平:* $p<0.1$;** $p<0.05$;*** $p<0.01$。

由表 4-1 可知,$a_1=0,b_2=0$,说明把任务冲突与关系冲突两个变量选为控制变量具有理论上的合理性,且任务冲突与正则因子正相关,关系冲突与分歧因子正相关。这表明,在组织冲突视角下,科研团队人才集聚经济效应与非经济效应的转化符合尖点突变模型的形式,得到了突变理论的支持。

第三节　组织冲突与科研团队人才集聚效应的理论模型

一、组织冲突与科研团队人才集聚效应

(一)任务冲突与科研团队人才集聚效应

任务冲突是一种与任务相关的冲突形式,主要由组织或团队决策时的异质性意见或分歧而产生。由于团队成员的认知差异是客观存在的,因此,任务冲突也是不可避免的。通常,在团队管理过程中,运用任务冲突能够提升战略决策的质量和效益。在任务冲突中,团队成员围绕决策问题或具体任务充分探讨、广泛交流,一方面可以更加系统、深入地理解决策任务,分析现实情况与可能存在的问题,通过发散性思维得到更多的可选方案;另一方面,也可以促进团队成员更好地分享各种信息,提高决策水平与组织绩效。

任务冲突是基于任务的不同观点而产生的冲突。尽管有研究指出,从信息处理的视角来说,任务冲突增加了认知成本,干扰了信息处理的灵活性和创造性思维的产生,阻碍团队绩效的提升,之后这一观点也得到了部分学者的支持,但是,以上研究并未指出任务冲突不具有建设性的一面,或者否定任务冲突的积极作用。比如,有研究者认为,在一定的条件下,任务冲突对于组织或团队是有益的,特别是对于非例行的工作任务。根据任务冲突的概念,任务冲突因团队成员对于任务内容、实施过程等方面的意见不一致而产生,包括观点分歧、想法相左与意见不一致等方面。从理论意义上说,任务冲突对于科研团队人才集聚效应的积极作用主要表现在以下方面:①任务冲突促使团队成员从多样化视角出发,提出大量的观点和建议,这在客观上形成了"百花齐放、百家争鸣"的局面,增强了团队内部知识、信息的交流与沟通能力,降低了信息交易成本,加快了信息的有效聚合,促进了信息共享效应。②任务冲突增加了团队成员重新审视任务的倾向,使团队成员致力于深入思考与任务相关的信息,从而产生多样化观点与多视角反思,挑战了团队或组织的固有思维模式与行为假设,有助于产生高效的创造性思维。因此,任务冲突一方面降低了学习成本,营造了相互学习的机会,培养了团队及其成员的学习能力,有利于团队成员的集体学习效应;另一方面,团

队成员畅所欲言,信息充分交流,可以形成发散性思维,充分发挥成员的思想碰撞与融合,激发灵感与创新活力,产生智慧聚合效应,能够促进隐性知识的交流、沟通与学习,产生创造性思维,促进了新知识的生产和发展,促使科研团队更具高效和富于创新性,同时也避免了群体思维的负面影响,从而可以有效地发挥科研团队人才集聚的知识溢出效应和创新效应。③任务冲突通过采用辩问和诘难等相互作用的技术与方法,激发成员的质疑精神,鼓励团队成员在讨论中接受冲突,公开观点,大胆批评甚至针锋相对,从而进行辩证的思考和讨论,促使异质性观点的竞相迸发,产生有效的问题解决方案和创新方法,提高团队创新决策的理解力与决策质量,从而提高人才集聚的创新效应。正如Eisenhardt等指出的那样,任务冲突能够有效关注具体问题,并展开积极"争论",而不是基于个性或人际喜好的差异。这种"争论"通过激发想象力产生更多的不同意见,可以促进自我反思、自主学习,加深了对问题的认识,产生了更多解决问题的机会。如果没有任务冲突,团队将缺乏创新活力,导致人才集聚的非经济效应。因此,可以提出以下假设。

H1a:任务冲突对科研团队信息共享效应具有显著的正向影响。

H1b:任务冲突对科研团队集体学习效应具有显著的正向影响。

H1c:任务冲突对科研团队知识溢出效应具有显著的正向影响。

H1d:任务冲突对科研团队创新效应具有显著的正向影响。

(二)关系冲突与科研团队人才集聚效应

关系冲突是由人驱动的,往往由于个性不兼容或人际关系方面的摩擦、工作中的误解,以及挫折等因素而产生紧张、沮丧等消极情绪。关系冲突远远超出了工作任务范畴,表现为冲突者之间的彼此对立或不相容性,即关系冲突主要是针对主体的情绪化行为。因关系冲突而引起的威胁和焦虑情绪阻碍了团队成员信息处理能力的发挥,因为成员会将原本用于任务或工作的资源或精力用于处理人际关系危机。关系冲突削弱了人才集聚效应,因为消极情绪对于知识交流、共享与应用和创新资源的配置具有极大的阻碍作用。①从人才个体层面来看,对个人认知、情绪等心理因素具有消极影响。比如,阻碍人才之间的信任关系,产生人际交往困境,出现误会、扭曲、态度消极等现象,可降低团队成员之间的心理安全,使成员之间的沟通学习渠道受阻,促使团队成员不愿意共享知识,降低团队协作和组织凝聚力,产生知识转移过程中的知识黏性,进而对人才集聚集体学习绩效、知识共享效应产生不利影响。正如多数研究者所指出的,关系冲突对于集体学习效应具有负面影响。此外,关系冲突会产生风言风语,甚至仇视心理,这些都会对人才的心理和行为造成一定的消极影响,出现工作松懈、士气低落、责任感和忠诚度降低的现象,从而降低人才创新效能。正如 Jehn 和 Mannix 指出的,关系冲突对团队决策质量有不利影响,即关系冲突促使成员把时间和精力花费在人际关系上,以至于降低了创新绩效;同时,关系冲突增大了成员的压力与心理焦虑情绪,影响了团队成员的认知功能。②从团队层面来看,对团队目标、协同创新带来不利影响。造成偏见增加、合作减少、协调困难、陷入群体思维陷阱,导致创新风险增加,创新成本提高。冲突降低了团队的沟通能力,僵化了思维模式,不利于人才想象力的发挥和团队创新能力的提升。艾森哈特等认为,关系冲突负向影响了团队进程与组织创新绩效。因此,关系冲突降低了知识共享意愿,减少了知识信息流动频率,阻碍了团队人才集聚的知识溢出效应与创新效应。③从资源配置层面来看,由人际关系危机导致资源互相竞争。由于在中国社会中,关系通常被解读为面子与关系,因此,面子与关系就成为资源分配不公的重要来源,导致"亲多疏少",造成配置效率低下,浪费严重,致使解决问题能力下降,合作能力不足,创新性不够,从而削弱人才集聚的集体学习效应与创新效应,出现人才集聚的不经济性。

H2a:关系冲突对科研团队信息共享效应具有显著的负向影响。

H2b:关系冲突对科研团队集体学习效应具有显著的负向影响。

H2c:关系冲突对科研团队知识溢出效应具有显著的负向影响。

H2d:关系冲突对科研团队创新效应具有显著的负向影响。

二、社会资本的调节效应

(一)结构资本的调节效应

中国社会注重社会和谐,崇尚"家和万事兴",稳定压倒一切,这使人们倾向于避免发生冲突,即使发生冲突也会采取合作或妥协的策略,以维持和谐、安定的局面。结构资本是指通过规则、程序建立起来的团队网络,包括网络联结和配置等方面。网络强联结以正式或非正式沟通的方式为团队成员提供了更多交流机会,有利于个体进行信息、资源的交换与整合,促进了知识共享,并解决冲突过程中的问题,提升成员的吸收能力和学习能力。此外,从另一个角度看,当任务冲突发生时,成员之间往往会针对某一工作或任务出现众多不一致意见,非正式沟通的方式交换观点和看法,可避免正式场合中的公开冲突,维护团队和谐。在和谐氛围影响下,团队成员还可以通过非正式沟通提出多样化、异质性和互补性的问题解决方案,从而增强任务冲突的积极效果。Uzzi 的研究发现,社会资本的结构嵌入提高了知识分享的频率和质量,更易于产生隐性知识的交流和吸收,增强团队成员共同解决问题的能力,通过问题反馈提升决策者的工作绩效,增强知识学习能力,能够更深层次地探求问题解决方案。同样,Heide 和 Miner 认为,当团队成员存在冲突时,紧密的社会联结能够形成更强的社会网络,增强彼此的互动频率,团队成员凭借完善的联系机制获取所需要的重要性、互补性的有价值信息,从而提高共享问题解决方案的努力,帮助团队成员更加有效地解决意见冲突。因此,强联结所带来的非正式沟通渠道,促使团队领导及其成员认识到对于任务的不同理解以及综合考虑差异的价值。此外,密度较高的网络有利于增强组织聚合力、吸引力,增进彼此信任,降低交易成本,减少团队成员出现机会主义行为的概率,从而实现信息的充分沟通与共享,发挥人才集聚信息共享效应。以上观点揭示了在高水平结构资本条件下,团队应该积极利用任务冲突所出现的不同观点或看法,促进人才集聚的经济效应。

H3:任务冲突和科研团队人才集聚效应之间的积极关系受到结构资本水平的调节。社会资本的结构资本水平越高,这种积极关系也越强;反之,积极关系就越弱。

社会资本的结构维度是一把"双刃剑",即社会资本的结构维度不仅可以提高任务冲突的积极作用,也会强化关系冲突的负面影响。关系冲突导致消极情感,如焦虑、愤怒或者沮丧等。在强联结关系下,由于互动机会的增多与交流频率的提高,在一定程度上导致消极情绪在团队内部迅速传播。具体来说,当团队成员对其他成员表现出不满或敌意时,这种消极情绪由于密集的互动网络更容易被触发,产生消极、紧张关系的放大效应,引起人际关系危机。密集互动的危险性,可能导致破坏性冲突的不断升级,造成团队成员产生诸多心理问题,如压力增大、心情抑郁等,导致成员心理极度不安全,甚至出现情绪失控或不理智行为,从而抑制了知识分享的意愿和行为,降低了知识创新的速率,更加剧了关系冲突对人才集聚效应的负向作用。因此,尽管结构资本能够厘清成员之间的分歧,但是这种互动也导致情感冲突的破坏性,从而制约了团队的协同创新。

H4：关系冲突和科研团队人才集聚效应之间的消极关系受到结构资本水平的调节。社会资本的结构资本水平越高，这种消极关系也越强；反之，消极关系就越弱。

(二)关系资本的调节效应

关系资本是指如何通过人际关系的创造和维持来获取稀缺资源，主要表现为成员间关系的情感质量，通常包括信任、支持、规范、义务与期望、互惠行为与责任等测量指标。其中，信任被普遍认为是关系资本的最重要元素，它可以促使人们更倾向于采取互惠的共同行为。科研团队中的信任是指团队成员对团队的创新任务承担风险的意愿，涉及团队成员之间开展合作、共享信息甚至被团队控制的意愿。任务冲突与科研团队人才集聚效应之间的积极关系会因关系资本的存在而受到削弱。信任关系的建立和提升，降低了冲突水平，促进了知识流动，但是它对创新的影响是复杂的。Lanfred发现，信任限制了人才对于不同观点和行为的批评，即信任减少了互相监督、提出质疑的倾向。因此，高水平的关系资本降低了任务冲突对于人才集聚效应的有效性。高度的关系资本促进了一致性意见的形成，减少了异质性观点和建设性意见的数量，抑制了隐性知识的溢出，降低了创新效应。此外，在高信任条件下，冲突性观点或许被认为是有违信任规范的行为。因此，由信任所产生的团队合作精神与和谐氛围，在一定程度上削弱了团队有效利用建设性冲突的积极影响。同时，团队成员具有一致的心智模式和相同的价值理念，会使他们产生较高的信任和一致的行为规范，在讨论问题或发表意见时，会顾忌他人的想法，更注重求同存异，出现从众效应或"一言堂"现象。这严重制约了成员畅所欲言的意愿，达不到激发灵感、溢出知识的目的，还导致任务冲突对人才集聚效应的建设性作用降低。

H5：任务冲突和科研团队人才集聚效应之间的积极关系受到关系资本水平的调节。社会资本的关系资本水平越高，这种积极关系也越弱；反之，积极关系就越强。

高度信任关系减少了团队成员的机会主义行为，从而使不确定性和焦虑所造成的消极情绪降低。Mayer认为，信任反映了团队成员的彼此尊重和互惠互利，成员不会为了自身利益损害他人的情感。同样，因为信任能够有助于维持和提升人际和谐，成员之间对彼此的行为有积极的预期、宽容与认同，在关系冲突中更具开放性、理解性和包容性，从而能够增强彼此的心理安全感，愿意分享资源,这样也有利于成员之间的知识交流。信任作为一种道德机制可以最小化由关系冲突造成的消极影响。相反,低水平关系资本不能产生对关系冲突的积极作用,即低度信任或不信任通常会导致消极情绪的"马太效应"。换言之,信任水平较低的团队因信息共享动力和愿望的不足,对信息共享有可能造成限制,甚至破坏作用,从而阻碍了知识的有效创新。此外,虽然团队成员的知识结构、专业背景和文化习俗存在差异,但是,如果具有共享的价值理念和共同的语言,将减少破坏性冲突发生的概率,触发积极的组织行为,有助于沟通协作和集体学习。

H6:关系冲突和科研团队人才集聚效应之间的消极关系受到关系资本水平的调节。社会资本的关系资本水平越高,这种消极关系也就越弱;反之,消极关系越强。

(三)认知资本的调节效应

认知资本是指网络成员所共有的语言、观点、解释、愿景、心智模式和价值观的一致性等。认知资本描述了团队成员间联系的认知质量,属于社会资本最深层次的内涵。许多相关研究把"共同愿景"作为测量认知资本的变量,即团队成员形成对团队目标与使命统一的认识和承诺,促使成员对不同行动的可能结果产生一致的预期。认知资本对任务冲突与科研团队人才集聚效应之间的关系起着积极的调节作用。共同愿景会促使团队成员接受并认同组织目标,超越个人利益,将组织的荣辱与自己的行为紧密相连,从而产生积极的组织行为。同样,共同愿景也会使团队成员产生"家"的感觉,促使其享受团队的温暖和安全,并对团队产生角色外行为。因此,当团队成员具有共同愿景时,成员在任务冲突中会积极进言,大胆地提出自己的想法或问题解决的方案,而不会更多地考虑自己的得失或风险,从而有助于团队任务冲突的开展,增加异质性观点和建设性意见的数量和质量,进而有利于成员间隐性知识的沟通、溢出,有利于产生人才集聚知识溢出效应与创新效应。此外,共同愿景一方面增强了团队的聚合力,提高了人际信任,有效地控制了成员间的投机行为,为共享信息提供了明晰的框架和规范,从而在任务冲突中会表现出更强的知识共享意愿,知识共享效率更高,创新效应更为显著;另一方面,共同愿景也促使团队成员拥有共同的创新目标与相似的价值规范,从而对于团队任务具有清晰一致的认识,拥有目标一致性感知,促使成员形成以认同为基础的合作关系。正如刘艳所指出的,在团队成员具有认同感的前提下,信息分享与决策变革更便利,提高了团队的信息获取与交换能力。类似地,谢洪明等人的研究也证实,共同愿景对于信息处理及知识整合具有积极作用。

H7:任务冲突和科研团队人才集聚效应之间的积极关系受到认知资本水平的调节。社会资本的认知资本水平越高,这种积极关系也就越强;反之,积极关系就越弱。

共同愿景是企业文化的重要体现,集中表现了组织的目标和战略,对组织成员的思想、认知和行为取向具有积极的影响。拥有共同愿景的团队成员能够互相理解、彼此包容,并聚合在一起为共同目标不懈奋斗,可有效避免或化解关系冲突,促进组织高质量关系的形成,并对知识传播与整合产生促进作用。同时,共同愿景有助于产生认知冲突,可以实现信息共享,提升人力资本投资水平,激励团队成员提高自身知识转化水平,增强团队学习能力。正如 Kise 等研究表明,共同愿景可以提高团队成员的信任度,增强彼此间积极行为的倾向,从而减少任务冲突转化为关系冲突的概率。也就是说,共同愿景通过提高团队成员之间的信任和价值观的一致性,提升成员对组织的情感承诺,增强团队成员之间的情感依赖和使命感,从而形成团队内部融洽的合作关系和大局意识,使团队成员在面对关系冲突时,不以一己情绪而行动,能够细察自己的焦虑、愤懑、沮丧甚至敌对情绪对团队其他成员及团队目标的影响,并进行系统性、全局性考虑,兼顾内外和谐关系,从而有效地缓和彼此因关系冲突出现的紧张人际关系,提升团队的和谐和人际信任,进而降低破坏性冲突的升级速度和负面影响,从而有效减少关系冲突发生的风险。

H8:关系冲突和科研团队人才集聚效应之间的消极关系受到认知资本水平的调节,社会资本的关系资本水平越高,这种消极关系也就越弱;反之,积极关系也就越强。

三、假设汇总与概念模型

基于相关研究及上述理论论证分析,本研究共提出相应的需要检验的假设14个,这些假设都属于开拓性假设,即这些假设尚未被其他学者提出,或虽然有相关的理论分析,但没有经过经验研究的证实。这些假设包括任务冲突、关系冲突分别对科研团队人才集聚效应(信息共享效应、集体学习效应、知识溢出效应与创新效应)的影响,社会资本的三个维度即结构资本、关系资本与认知资本分别在任务冲突、关系冲突与科研团队人才集聚效应之间关系的调节作用,如表4-2所示。

表 4-2 本书研究假设总结

假设编号	假设内容
H1a	任务冲突对科研团队信息共享效应具有显著的正向影响
H1b	任务冲突对科研团队集体学习效应具有显著的正向影响
H1c	任务冲突对科研团队知识溢出效应具有显著的正向影响
H1d	任务冲突对科研团队创新效应具有显著的正向影响
H2a	关系冲突对科研团队信息共享效应具有显著的负向影响
H2b	关系冲突对科研团队集体学习效应具有显著的负向影响
H2c	关系冲突对科研团队知识溢出效应具有显著的负向影响
H2d	关系冲突对科研团队创新效应具有显著的负向影响
H3	任务冲突和科研团队人才集聚效应之间的积极关系受到结构资本水平的调节。社会资本的结构资本水平越高,这种积极关系也就越强;反之,积极关系就越弱
H4	关系冲突和科研团队人才集聚效应之间的消极关系受到结构资本水平的调节。社会资本的结构资本水平越高,这种消极关系也就越强;反之,消极关系就越弱
H5	任务冲突和科研团队人才集聚效应之间的积极关系受到关系资本水平的调节。社会资本的关系资本水平越高,这种积极关系也就越弱;反之,积极关系就越强
H6	关系冲突和科研团队人才集聚效应之间的消极关系受到关系资本水平的调节。社会资本的关系资本水平越高,这种消极关系也就越弱;反之,消极关系就越强
H7	任务冲突和科研团队人才集聚效应之间的积极关系受到认知资本水平的调节。社会资本的认知资本水平越高,这种积极关系也就越强;反之,积极关系就越弱
H8	关系冲突和科研团队人才集聚效应之间的消极关系受到认知资本水平的调节。社会资本的认知资本水平越高,这种消极关系也就越弱;反之,积极关系就越强

本研究试图从理论的视角探讨组织冲突对科研团队人才集聚效应的影响机制,将社会资本划分为结构资本、关系资本与认知资本。具体研究任务冲突、关系冲突和科研团队人才集聚效应及社会资本之间的关系。

根据上述理论分析,本书作者认为组织冲突对科研团队人才集聚效应有显著的影响。具体而言,任务冲突对人才集聚效应产生正向效应,即任务冲突有利于人才集聚的信息共享效应、集体学习效应、知识溢出效应和创新效应;关系冲突对人才集聚效应产生负向效应,即关系冲突不利于人才集聚的信息共享效应、集体学习效应、知识溢出效应和创新效应。组织冲突与科研团队人才集聚效应的关系,必然伴随着组织情景因素的制约和影响。作为一种重要的组织变量,社会资本在组织冲突和科研团队人才集聚效应的关系中必然承担着重要的角色,起到一定的调控作用。因此,引入社会资本变量后,社会资本对组织冲突与人才集聚效应之间的关系起着显著的调节作用。具体而言,社会资本的结构资本、关系资本与认知资本,分别对任务冲突与科研团队人才集聚效应之间的关系起显著的调节作用。社会资本的结构资本、关系资本与认知资本,分别对关系冲突与科研团队人才集聚效应之间的关系起显著的调节作用。

基于组织冲突理论、人才集聚理论和社会资本理论,本研究通过对核心变量间关系的梳理,提出了一系列研究假设,其主要目的在于研究任务冲突与关系冲突对科研团队人才集聚效应的影响,以及社会资本在任务冲突和关系冲突分别与科研团队人才集聚效应之间关系的调节作用。可见,任务冲突和关系冲突分别与人才集聚效应存在直接关系,社会资本的结构维度、关系维度、认知维度与人才集聚效应具有间接关系,表现在对组织冲突与人才集聚效应的关系起调节作用。

第四节 组织冲突与科研团队人才集聚效应的实证分析

一、描述性统计分析

本研究按照问卷的筛选规则,从 300 份样本中得到 211 份有效问卷,将从员工性别、学历、团队规模、团队成立年限等方面进行描述性统计分析,以从总体上反映样本的分布状况。

(一)样本团队成员的性别分布

根据相关研究,性别可能是影响研究结果的一个重要变量。在本研究中,团队成员的性别分布见表 4-3 所示。从中可以看出,样本中男性为 118 个,女性为 93 个,分别占 55.92% 和 44.08%。虽然男性高于女性,但总体上差别不大。

表 4-3 团队成员的性别分布

性别	频率	百分比/%	有效百分比/%	累积百分比/%
男	118	55.92	55.92	55.92
女	93	44.08	44.08	100

(二)样本团队成员的学历分布

被试者的学历分布见表4-4。由表4-4可知,被试者的学历主要以中等学历和高等学历为主,硕士和博士分别达到125人和53人,占总样本的比重分别为59.24%和25.12%;其余为本科及以下,有33人,占15.64%。该样本基本呈现了正态分布的特征,符合研究要求。因为中、高学历的科研人员具有较好的创新能力、创新活力和创新意愿,对于科研团队的人才集聚效应和组织冲突具有更深的理解。

表4-4 团队成员的学历分布

学历	频率	百分比/%	有效百分比/%	累积百分比/%
大学本科及以下	33	15.64	15.64	15.64
硕士	125	59.24	59.24	74.88
博士	53	25.12	25.12	100

(三)样本团队的规模分布

样本团队的规模分布见表4-5。由表4-5可知,科研团队的规模主要以10~30人与30~50人为主,分别达到111人和65人,占总样本的比重分别为52.61%和30.81%;其余为10人以下,有16人,占7.58%;80人以上,有5人,占2.37%。该样本基本上也呈现了正态分布的特征,较为符合本书的研究要求。因为团队规模越大,团队社会资本越明显,团队的人才集聚效应就越显著,团队的组织冲突也就越可能被感知到,这样更利于达到研究目的。

表4-5 团队规模分布

规模	频率	百分比/%	有效百分比/%	累积百分比/%
10人以下	16	7.58	7.58	7.58
10~30人	111	52.61	52.61	60.19.
30~50人	65	30.81	30.81	91.00
50~80人	14	6.64	6.64	97.63
80以上	5	2.37	2.37	100

(四)样本团队的成立年限分布

根据研究需要,在问卷调研中要求被调查者所在团队成立年限在1年以上。从表4-6可知,样本中科研团队成立年限在3~5年的占一半以上,有115人,占总样本数54.5%;其次,5~10年的有56人,占总样本数的26.54%;成立年限在

1~3年的,有25人,占总样本数的11.85%;成立年限在10年以上的有15人,占总样本数的7.11%。从中可以看出,大多数样本所在的科研团队处在发展期和上升期,团队总体稳定,但在其实现人才集聚创新过程中不可避免地存在冲突现象。因此,这样更有利于研究结果的可信性和有效性。

表4-6 团队的成立年限分布

成立年限	频率	百分比/%	有效百分比/%	累积百分比/%
1~3年	25	11.85	11.85	11.85
3~5年	115	54.50	54.50	66.35
5~10年	56	26.54	26.54	92.89
10年以上	15	7.11	7.11	100

(五)样本团队成员的类型分布

本研究在样本选取的过程中,选取了包括军工、航空、电子、研究所和高校,样本分布如表4-7所示。从表4-7可以看出,样本中的被试者所在的是军工型团队的,有61人,占总样本的28.91%;航空型团队的,有42人,占总样本的19.91%;电子型团队的,有29人,占总样本的13.74%;研究所型团队的有33人,占总样本的15.64%;高校型团队的,有46人,占总样本的21.80%。在本研究所调研的所有科研团队中,团队成员分布大体均匀,具有一定的代表性。

表4-7 团队成员的类型分布

类型	频率	百分比/%	有效百分比/%	累积百分比/%
军工	61	28.91	28.91	28.91
航空	42	19.91	19.91	48.82
电子	29	13.74	13.74	62.56
研究所	33	15.64	15.64	78.20
高校	46	21.80	21.80	100

二、信度分析

信度分析是检验数据可靠性的重要步骤,只有数据的信度符合统计要求,才能进一步将其用于分析变量之间的关系,检验理论假设。本研究使用统计软件SPSS20.0对数据的信度进行检验,组织冲突、社会资本与人才集聚效应的信度系数分别见表4-8~表4-10。根据Cronbach's α 的统计标准,若 α 值在0.7以上,说明信度较高,问卷具有较高的可信度;若 α 值处于0.5~0.7,说明问卷的信度基本符合统计要求;若 α 值在0.35~0.5,基本可以接受。从组织冲突量表的信度检验、人才集聚效应量表的信度检验、社会资本量表的信度检验中可知，各变量信度大部分大于 0.7，个别处于 0.6～0.7，说明数据的可靠性得到了验证，可以开展进一步研究。

表 4-8　组织冲突各题项信度检验

变量		编号	测量题项	Cronbach's α
组织冲突	任务冲突	TC11	团队成员经常对于研发项目或合作任务有不同的意见或看法	0.822
		TC12	团队成员经常在任务的实施方面有冲突性观点	
		TC13	团队成员经常在工作任务问题上存在分歧	
		TC14	团队成员对工作的想法与其他团队成员有所不同	
		TC15	团队成员经常从不同的视角对工作任务进行讨论	
	关系冲突	RC11	团队成员在一起工作时经常会心情沮丧	0.917
		RC12	团队成员关系比较紧张	
		RC13	团队成员不能融洽相处	
		RC14	团队成员通常不喜欢彼此沟通	
		RC15	团队氛围总是不和谐	

表 4-9　社会资本各题项信度检验

变量		编号	测量题项	Cronbach's α
社会资本	结构资本	SC11	团队成员经常自由地交换信息	0.746
		SC12	团队各层次成员之间存在友谊或关系融洽	
		SC13	团队与其他团队或组织保持良好的合作关系	
		SC14	团队成员之间经常共同解决创新过程中的问题	
	关系资本	GC11	团队与合作伙伴在合作过程中，双方不存在损人利己的现象	0.744
		GC12	团队成员总是信守承诺，具有良好信誉	
		GC13	当团队出现困难时，组织外合作伙伴依然能给予支持	
		GC14	当团队出现困难时，组织内其他团队会主动提供帮助	
		GC15	团队经常与其他团队开展真诚的合作	
	认知资本	CC11	团队成员清楚地了解团队的目标和愿景	0.738
		CC12	团队成员具有共同的抱负	
		CC13	团队成员渴望完成共同的目标和任务	

表 4-10 聚效应各题项信度检验

变量		编号	测量题项	Cronbach's α
人才集聚效应	信息共享效应	IS11	共享知识或信息是习以为常的事情	0.694
		IS12	可以较容易地在团队内部得到知识或信息	
		IS13	团队成员具有共享信息的意愿	
	集体学习效应	CL11	团队学习的知识具有实用性	0.661
		CL12	每次集体学习的效果较好	
		CL13	团队经常以正式或非正式的形式开展集体学习活动	
	知识溢出效应	KS11	团队采取岗位轮换的方式来提高成员的多种技能和知识	0.647
		KS12	团队成员常常通过正式或非正式的方式交流信息或经验	
		KS13	团队成员通过互动交流往往产生新知识	
		KS14	团队成员经常讨论新观点、新项目和新方法	
	创新效应	IE11	团队获得的创新成果较多	0.736
		IE12	团队的创新成功率很高	
		IE13	团队的创新有效地支持了组织竞争力的提升	
		IE14	团队的创新成果促进了组织的可持续发展	

三、效度分析

效度反映了期望测量变量的真实意义被题项的测量结果所反映的程度。在实证研究中,被广泛使用的效度包括内容效度和构念效度。内容效度是指调查问卷所设计的题项是否能够代表所期望获得的主题、数据或内容。本研究采用或开发的问卷是在国内外已有文献的基础上,结合科研团队的特性与人才集聚效应的实践修正得到。同时,在设计问卷过程中,也征询了人力资源与组织创新方面的多位专家教授,以及部分博士、硕士同学的建议和意见,对问卷进行了补充和完善,保证了本研究使用的问卷满足内容效度的要求。相对于内容效度,构念效度是更为重要的效度指标。学者们通常采用验证性因子分析与聚合效度、区分效度等方法来检验构念效度。

(一)组织冲突

组织冲突采用主成分分析法检验量表的效度。首先,观测 KMO 值与 Bartlett

球体值判断是否适合进行因子分析。若 KMO 值越接近于 1,说明变量间的相关性越强,适合进行因子分析。Bartlett 球体检验的目的是判断相关矩阵是否为单位矩阵。如果检验结果拒绝单位矩阵的原假设,则可以展开因子分析。

从主成分分析结果来看,KMO 值为 0.873,说明可以进行因子分析。Bartlett 球体检验的 χ^2 统计值为 1174.928,显著性概率值为 0.000,说明具有相关性,可以进行因子分析。在主成分分析中,我们根据特征根大于 1 的原则提取了 2 个因子,总共解释变量总方差的 69.131%,具体结果见表 4-11。

表 4-11　组织冲突主成分分析

因子	初始情况			旋转概况		
	特征值	方差贡献率	累积方差贡献率	特征值	方差贡献率	累积方差贡献率
1	4.364	43.640	43.640	3.945	39.449	39.449
2	2.549	25.491	69.131	2.968	29.683	69.131
3	0.700	7.000	76.132	—	—	—
4	0.485	4.846	80.978	—	—	—
5	0.417	4.173	85.151	—	—	—
6	0.369	3.687	88.837	—	—	—
7	0.327	3.274	92.111	—	—	—
8	0.313	3.129	95.240	—	—	—
9	0.267	2.670	97.909	—	—	—
10	0.209	2.091	100.000	—	—	—

1. 验证性因子分析

构念效度是指实测结果与所建立的理论构念的一致性程度。通常采用验证性因子分析方法来检验变量的构念效度。本研究在相关文献的基础上,通过比较两个模型的优劣,从而确定最佳匹配模型。一是单维模型,即问卷中所有题项都属于一个维度,即组织冲突是一个单维的模型;二是双维模型,即根据 Jehn 的研究成果验证组织冲突的二维结构。

采用最大似然法进行估计,模型拟合判断的标准如表 4-12 所示,包括基于拟合函数的指数、近似误差指数、拟合优度指数与相对拟合指数等。

表 4-12 最佳适配度指标及其建议值

拟合指数	指标	数值范围	建议值
基于拟合函数的指数	χ^2/df	大于 0	小于 5（Medsker, Williams, Holahan,），小于 3 更佳（Wheaton）
近似误差指数	RMR	大于 0	小于 0.10，小于 0.05 非常好，小于 0.01，最佳（Steiger）
	RMSEA		
拟合优度指数	GFI	0~1,可能出现负值	大于 0.9（Bagozzi, Yi）
	AGFI		
相对拟合指数	NFI	0~1	大于 0.9（Bentler, Bonett）
	IFI	大于 0,大多数在 0~1	
	CFI	0~1	
	RFI	大于 0	

表 4-13 描述了两个模型的拟合情况。结果表明，组织冲突的一维模型拟合指标未能达到拟合要求，而二维模型除 RMSEA 稍大，但也小于 0.1，在允许的范围之内，其他各类指标均达到拟合要求。其中，绝对拟合指数 $\chi^2/df=2.571$，在可接受的范围内；RMSEA=0.086，接近 0.08，适配模型可以接受；相对拟合指标 GFI=0.922，NFI=0.927，CFI=0.954，均大于 0.9 的可接受标准，表明组织冲突的二维模型具有较好的构念效度，验证了 Jehn 提出的组织冲突的二维结构。

表 4-13 组织冲突两种模型的拟合指标比较

模型	χ^2/df	CFI	NFI	CFI	RMSEA
一维模型	11.767	0.648	0.656	0.676	0.226
二维模型	2.571	0.922	0.927	0.954	0.086

2. 聚合效度与区分效度

除了以上采用的验证性因子分析法，还可采用聚合效度与区分效度检验法。比如，Compbell 等指出，验证一个变量的构念效度，需要满足两个条件：第一，采用不同方法对同一构念进行测量,它们之间如果具有较高的相关性,说明具有聚合效度;第二,采用相同方法对不同构念进行测量,它们之间如果具有较低的相关性,说明具有区分效度。聚合效度通过检验组织冲突各维度间的相关系数进行判断。表 4-14 中的相关系数表明,冲突各维度间的相关系数达到显著水平,说明测量组织冲突这个构念时两个维度之间具有较强的聚合效度。区分效度可通过组织冲突两维度间的相关系数与两维度的信度系数的比较进行判断。表 4-14 显示,组织冲突各维度间的相关系数小于各自维度的信度系数,表明本模型中两维度是相对独立的,具有较好的区分效度。

表 4-14 组织冲突各维度均值、标准差、相关系数和内部一致性系数

变量	M	SD	1	2
任务冲突	3.483	0.719	(0.822)	—
关系冲突	1.917	0.768	0.232	(0.917)

注 双尾检验,相关系数在 $p<0.01$ 的水平上显著;括号中的数字表示信度系数。

(二)社会资本

社会资本采用主成分分析法检验量表的效度。从主成分分析结果看,KMO 值为 0.880,说明可以进行因子分析。Bartlett 球体检验的 χ^2 统计值为 821.635,显著性概率值为 0.000,说明具有相关性,可以进行因子分析。在主成分分析中,我们根据特征根大于 1 的原则提取了 3 个因子,总共解释变量总方差的 58.558%,具体结果见表 4-15。

表 4-15 社会资本主成分分析

因子	初始情况			旋转概况		
	特征值	方差贡献率	累积方差贡献率	特征值	方差贡献率	累积方差贡献率
1	4.924	41.034	41.034	2.717	22.639	22.639
2	1.178	9.814	50.848	2.335	19.454	42.094
3	0.925	7.710	58.558	1.976	16.464	58.558
4	0.816	6.797	65.355	—	—	—
5	0.742	6.185	71.540	—	—	—
6	0.620	5.169	76.709	—	—	—
7	0.590	4.919	81.628	—	—	—

续表

因子	初始情况			旋转概况		
	特征值	方差贡献率	累积方差贡献率	特征值	方差贡献率	累积方差贡献率
8	0.530	4.419	86.046	—	—	—
9	0.515	4.289	90.336	—	—	—
10	0.455	3.793	94.128	—	—	—
11	0.379	3.157	97.286	—	—	—
12	0.326	2.714	100.000	—	—	—

1. 验证性因子分析

进行验证性因子分析，提出两个假设模型，即单维模型与三维模型。两个模型的拟合指标见表4-16。与一维模型相比，三维模型较一维模型更好地拟合了原始数据。其中，绝对拟合指数 $\chi^2/df=1.743$，在可接受的范围内，RMSEA=0.059，适配模型可以接受，相对拟合指标 GFI=0.935，NFI=0.890，CFI=0.949，均大于或接近可接受标准。因此，可认为社会资本整体测量模型的拟合效果较好。

表4-16　社会资本两种模型的拟合指标比较

模型	χ^2/df	CFI	NFI	CFI	RMSEA
一维模型	2.663	0.899	0.829	0.884	0.089
二维模型	1.743	0.935	0.890	0.949	0.059

2. 聚合效度与区分效度检验

根据聚合效度和区分效度检验方法，对表4-17中社会资本三个维度的相关系数和信度系数进行判断，表明社会资本具有较好的聚合效度和区分效度。

表4-17　社会资本各维度均值、标准差、相关系数和内部一致性系数

变量	M	SD	1	2	3
结构资本	3.527	0.562	(0.746)	—	—
认知资本	4.172	0.485	0.493	(0.744)	—
关系资本	4.141	0.435	0.643	0.524	(0.738)

注　双尾检验，相关系数在 $p<0.01$ 的水平上显著；括号中的数字表示信度系数。

(三)人才集聚效应

本研究根据牛冲槐学者的研究,结合科研团队的内涵与特征,提出了人才集聚效应的四维结构。本研究拟采用探索性因子分析与验证性因子分析相结合的方式,确定人才集聚效应的维度特征。

1.探索性因子分析

采用主成分分析法检验量表的效度。从主成分分析结果看,KMO 值为 0.882,说明可以进行因子分析。Bartlett 球体检验的 χ^2 统计值为 1025.283,显著性概率值为 0.000,说明具有相关性,可以进行因子分析。在主成分分析中,我们根据特征根大于 1 的原则提取了 4 个因子,总共解释变量总方差的 64.033%,具体结果如表 4-18 所示。随后,进行最大方差正交旋转,结果详见表 4-19。根据一般的评价标准,因子载荷大于 0.7 的为优秀,大于 0.6 的为较好,0.5 以上的可以接受,因子载荷低于 0.4 的一般舍弃。按照因素载荷不低于 0.4 的标准,提取出四个主成分,它们分别为信息共享效应(IS)、集体学习效应(CL)、知识溢出效应(KS)与创新效应(IE)。

表 4-18 人才集聚效应主成分分析

因子	初始情况			旋转概况		
	特征值	方差贡献率	累积方差贡献率	特征值	方差贡献率	累积方差贡献率
1	5.345	38.178	38.178	2.482	17.729	17.729
2	1.610	11.502	49.679	2.326	16.612	34.341
3	1.030	7.355	57.034	2.129	15.204	49.545
4	0.980	6.999	64.033	2.028	14.488	64.033
5	0.704	5.025	69.058	—	—	—
6	0.623	4.450	73.509	—	—	—
7	0.611	4.367	77.875	—	—	—
8	0.537	3.836	81.712	—	—	—
9	0.522	3.725	85.437	—	—	—
10	0.498	3.559	88.996	—	—	—
11	0.470	3.356	92.352	—	—	—
12	0.427	3.048	95.399	—	—	—
13	0.362	2.587	97.986	—	—	—
14	0.282	2.014	100.000	—	—	—

表 4-19 旋转因子的载荷矩阵

组件	1	2	3	4
IS11	0.820	0.102	0.223	0.053
IS12	0.675	0.145	−0.094	0.372
IS13	0.706	0.321	0.056	0.149
CL11	0.006	0.203	0.225	0.756
CL12	0.406	0.042	0.204	0.626
CL13	0.367	0.305	0.291	0.499
KS11	−0.045	0.072	0.812	0.156
KS12	0.176	0.118	0.669	0.383
KS13	0.403	0.215	0.624	−0.044
KS14	−0.013	0.336	0.558	0.415
IE11	0.202	0.698	0.211	0.064
IE12	0.087	0.717	0.149	0.295
IE13	0.527	0.645	0.116	−0.172
IE14	0.186	0.677	0.065	0.431

2. 验证性因子分析

进行验证性因子分析,根据相关文献提出了人才集聚效应的一维模型与四维模型。两个模型的拟合指标如表 4-20 所示,四维模型在大多数指标上都明显优于一维模型。其中,绝对拟合指数 $\chi^2/\mathrm{d}f=2.159$,在可接受的范围内; RMSEA=0.074,适配模型可以接受;相对拟合指标 GFI=0.904,NFI=0.854, CFI=0.914,均大于或接近可接受标准。因此,可认为人才集聚效应整体测量模型的拟合效果较好。

表 4-20 人才集聚效应两种模型的拟合指标比较

模型	$\chi^2/\mathrm{d}f$	GFI	NFT	CFI	RMSEA
一维模型	3.623	0.816	0.735	0.790	0.112
四维模型	2.159	0.904	0.854	0.914	0.074

3. 聚合效度与区分效度检验

通过对表 4-21 中相关系数和信度系数的分析与比较,表明人才集聚效应具有较好的聚合效度和区分效度。

表 4-21 人才集聚效应各维度均值、标准差、相关系数和内部一致性系数

变量	M	SD	1	2	3	4
信息共享效应	4.376	0.461	(0.694)	—	—	—
集体学习效应	4.210	0.493	0.491	(0.661)	—	—
知识溢出效应	4.106	0.507	0.347	0.583	(0.647)	—
创新效应	4.337	0.454	0.554	0.537	0.478	(0.736)

注 双尾检验,相关系数在 $p<0.01$ 的水平上显著,括号中的数字表示信度系数。

第五章 实现与促进人才集聚的政策建议

第一节　城市地区实现人才集聚的建议

一、加快产业结构调整，以产业集聚促进人才集聚

产业集群是拉动经济增长的主要动力，产业集聚亦能促进人才集聚。与第一产业相比，第二、第三产业具有更强的人才集聚力。因此，各地政府要立足于本地的产业优势，以市场为导向，以本地资源优势为依托，提供全方位的公共服务，培育产业集群发展所需要的多种要素和环境，以产业集聚带动人才集聚。

(一)优化产业环境，推动产业升级

产业环境是人才环境建设的硬件，是软环境的基础。良好的产业经济环境，能够为各类人才提供施展才华和不断成长的空间。加强产业经济环境建设，加快经济增长，才能让人才有施展才能的机会、发挥作用的舞台，才能用事业凝聚人才。

同时，在发展高新技术产业的同时，应对现有的传统产业注入科技活力，用信息技术和其他高新技术改造传统产业，加速产业结构的调整和优化升级。努力形成以高新技术产业为先导、基础产业和制造业为支撑、服务业全面发展的产业格局，以产业集聚带动人才特别是高科技人才集聚。

(二)坚持走新型工业化道路，大力发展第三产业

在信息化时代，传统的工业化道路已经不能适应社会发展的需要。这要求我国各地区要坚持用信息化带动工业化，走一条科技含量高、经济效益好、资源

消耗低、环境污染少、人力资源优势得到充分发挥的新型工业化道路。在科技、人才、环境的基础上以产业联动、规模驱动、品牌拉动为路径,积极实施产业集群战略。

相对于发达国家甚至于同等发展水平的国家,我国第三产业还处于较低的发展水平,且第三产业仍然以传统的行业为主,金融保险、信息咨询、科技服务、现代物流等新兴第三产业所占比重仍然很低。第三产业特别是新兴的第三产业相对于第一、第二产业具有更强的人才吸引力。因此,加大科技投入,增强知识创新力度,积极推动第三产业的发展,是实施人才集聚战略的必要途径。

二、深化企业机制改革,推动人才向企业集聚

企业是经济活动的主体,更是人才的主要载体。深化我国企业改革,增强企业的自主创新能力,是吸引人才集聚的基础和关键。

(一)提高企业自主创新能力,吸纳科技创新人才

在市场经济下,企业要想得到长期的生存与发展,就必须不断地创新,成为创新的主体和先锋。随着国际金融危机的不断蔓延,创新的作用更加明显。事实证明,谁的技术含量高,谁能及时调整产品结构,迎合消费者需求,制造高质量的产品,谁就具有更强的抗击风险的能力。

据统计,我国科研经费支出占GDP的比重低于美国、日本、韩国。跟国外相比,我国科研投资力度不够强,人才,尤其是科技人才滞留高校和政府科研机构的现象比较严重,人才向企业集聚的优势没有充分发挥出来。因此,提升企业自主创新能力,促进人才向企业集聚,是我国各地区人才集聚的一项重要的课题。

提高企业的自主创新能力,首先必须从企业自身入手,加大科研经费投入力度,培养自主创新的企业文化,注重企业自主研发能力,吸引科技创新人才。此外,地方政府还必须通过相关法律政策,创造平等、公平、高效的竞争环境,对知识产权和相关产业提供切实和适度的保护,构建并规范人才流动与知识产权交易市场,为科技人才与知识产权的流动提供有效的平台。

(二)加快企业体制改革,健全人才激励机制

对于企业而言,要吸引并留住人才,一方面,要建立现代化的企业管理制度,通过不断深化改革,建立合理的产权治理结构、科学先进的企业管理理念、有效的人事管理制度,为人才优势的发挥营造良好的企业环境,为人力资源的有效整

合与集聚提供有力的制度保障；另一方面，还需要建立公平有效的薪酬管理体系。实行多元化的分配制度，把按劳分配与按生产要素分配结合起来，实现专利、技术、成果入股，使人才的报酬真正由其价值和市场供求关系来决定，以促进人才收入的增加，推进人才集聚。

国外研究发现，人力资源在没有开发、没有激励和没有约束的情况下，其能力只能发挥20%。而当有了激励和开发以后，其能力能发挥到80%。要充分发挥人才特别是高科技人才的集聚效应，还必须实行有效的激励制度。国内外经验表明，建立并实施长期有效的激励制度，比如股票期权等，既能有效地解决企业现金流的问题，又能让员工看见可预计的"物质利益"，从而能有效地留住并激励企业核心人才。

三、加强高等教育建设，推动高校、企业、项目一体化

21世纪，知识信息增长和更新的速度越来越快，甚至是以几何级数的速度在增长。因此，要营造有利于人才发展的环境，提升人才资源的素质，以适应知识经济时代人才集聚的需要。

高等教育人才集聚软环境的建设是一个系统、复杂的工程，这种软环境对人才具有更大的灵活性和更持久的吸引力。人才的成长和作用发挥，当然需要必要的物质条件、经济待遇，同时更需要促进事业发展的人才集聚软环境的支持。从一定意义上讲，高等教育对人才集聚的作用更重要，更具有决定性的意义。要加强地区高等教育的建设，发挥高校吸纳和培养高等人才的作用，必须从如下两方面着手：一方面，政府的研发经费投入应向高校倾斜，增加高等教育资金投入，加强高校与研究机构的建设，改善科研条件，重视人才和高校间的国际合作，利用高等学校的集中优势培养并吸纳海内外人才；另一方面，还要增强高校与项目、企业之前的联系。推动科研机构与高校合作，引进科研项目，以项目集聚人才并带动人才发展，以科技研发和项目建设为平台，面向国内外吸引专业技术人才、经营管理人才、技能型人才和实用型人才，加快人才聚集。要通过多种政策措施，鼓励和引导企业与科研机构、高校联合建立研发机构、产业技术联盟等技术创新组织，搭建高层次人才平台，促进项目、企业、高校一体化建设，使之像"滚雪球"一样，起到集聚人才的作用，吸引更多的科技创新人才。

第二节 农村地区实现人才集聚的建议

农村地区与城市地区在内外环境、自然禀赋及人才资源等方面都存在着很大的差距,因此,在农村地区实现人才集聚,要采取的措施就与城市地区有着一定的差异。同时,农村的地区差异极为明显,实现人才集聚还需要一定的基础,并不是所有的农村地区在当前情况下都能实现人才集聚。因此,本节研究的对象进一步缩小到发达农村地区,将针对发达农村地区的特点,对如何实现人才集聚提出有关建议。

一、发达农村地区实现人才集聚的外部环境建设分析

人才环境的内涵十分丰富,影响农村地区吸引、集聚人才的主要环境问题包括经济环境、社会环境及制度环境三个方面。因此,这里我们也主要就这三个方面来分析如何促进发达农村地区人才集聚环境的改善。

(一)经济环境

经济环境是一个地区吸引集聚人才的首要因素。一个地区只有经济发达、综合实力增强,才能获得人才的青睐,才能为人才的发挥提供一个广阔的平台。因此,需要通过发展地区经济来改善农村地区集聚人才的经济环境。

1. 全面推进农村的农业产业化

农村地区要从以农业人口为主这一实际出发,站在农业和农村跨世纪发展、实现农业和农村现代化的高度上,充分认识农业产业化的重要性;要强化职能、合力兴农;搞好信息和技术服务,不断完善社会化服务体系;大力培育以专业协会为重点的中介组织;抓好流通网络建设;大力培育龙头加工企业,与农户实行产销联合;千方百计增加对农业产业化经营的资金投入。通过农业产业化的实现,不仅带动农村经济的发展,而且派生出更多的农业产业化龙头企业,从而丰富农村人才集聚的载体,为吸引、集聚人才提供更好的条件。

2. 因地制宜发展农村地区的优势产业

各个地方应根据自身不同的资源优势,不论这种优势表现为得天独厚的旅游资源,还是表现为独特的矿产资源、林木资源等,都应因地制宜发展地方产业,

扩大对人才的需求,以便引进吸收更多的人才。

3.依托产业转移来吸引、集聚人才

随着经济的发展,劳动力会由第一产业向第二产业转移,再向第三产业转移。经济越向前发展,在低层次产业的劳动力就会越来越少,而高层次产业的劳动力会越来越多。一个地方的产业结构优化升级,特别是新的经济增长点的形成,必然要带来各生产要素包括人力资本要素的流动、重组。也就是说,通过物力的投资,促进产业的优化升级,发展壮大产业,创造就业和发展机会,带动对人才资本的需求,吸引人才资本的流入。高层次的产业不仅会提高人才资本的平均利润率,而且会对人才产生强烈的愿望牵引。产业层次越高,对人才资本的牵引力就越大。

农村地区应该积极适应当前产业转移的趋势,积极承接城市转移下来的各种产业,按照产业集聚带动人才集聚的规律,加速推进人才集聚工程。要立足农村产业资源优势,加速产业结构的调整和优化升级,加快产业大项目集群建设,形成一批主业突出、核心竞争力强、具有一定竞争力的公司和企业集团,以扩大对人才的需求,为人才集聚创造前提条件。

4.把握区位导向规律,大力提升地区的综合竞争力

一个地区一旦形成区位优势,就会对周边地区形成人才集聚势差,进而产生倾向该地区的人才流动现象。因此,对于农村的发达地区来说,可以通过发展该地的经济水平、完善人居环境、拓展发展空间来强化该地的区位优势,从而吸引人才集聚。

(二)社会环境

在社会环境方面,对人才影响较大的就是人才流通机制、社会对人才高收入的看法等问题。

1.健全和完善人才流通机制

中国的人才市场不仅长期存在着坚固的城乡壁垒,而且存在着如对性别、年龄、身份等的歧视。在市场经济条件下,经济资源是在价值规律的作用下进行自由流动和优化配置的。人才作为一种重要的资源,只有实现自由流动才能最大效率地发挥人才的重要作用。因此,必须建立合理的人才流动机制。这个流动机制的建立和完善,不仅是指城乡间人才的自由流动,而且有农村之间的人才流

动。这个机制应该是双向流动的机制，只有这样，才能使人才流向最能发挥其作用的地方，而不至于陷入凝固状态。如果人才再次流动面临着种种障碍，将会打击人才立足农村的信心。

2. 引导社会树立良性的人才收入观

农村地区缺乏人才，人才是农村企业发展中的短板，因此，农村企业往往给人才开出高额待遇，这和周围人的收入会形成一个比较大的落差，容易引起原有员工的不满，从而在企业内部形成不和谐的氛围，干扰人才作用的充分发挥。因此，对于农村企业来说，完善收入分配制度，形成"能者多劳，多劳多得"的工作氛围和收入分配环境，在企业内部和社会周围形成一个良好的环境和舆论氛围，通过合理调整收入分配政策来壮大科技、管理和商业性的人才队伍，有利于改变农村的不合理人才结构和布局，有利于农村经济的发展和繁荣。

(三)制度环境

由于农村地区经济发展相对落后，市场化改革的步伐有待加快，制度建设方面存在较大的不足。农民有土地作为基本生活保障，这些制度性的问题对他们暂时没有太大冲击。但对于即将到农村工作的城市人才来说，农村和城市在制度方面的巨大差异将严重打击人才到农村工作的信心。因此，为了能够吸引集聚人才到农村工作，除了给出优厚的待遇条件，完善农村的制度建设也是吸引人才集聚的重要措施。

农村的制度环境建设种类繁多，但其中主要的几种应该逐渐健全，因为这些制度事关流向农村人才的切身利益。如果这些制度建设长期缺乏，就会逐渐泯灭掉人才在农村工作的热情。因此，需要在制度建设方面给予农村地区额外的重视，建立以社会保障为核心的融合基本医疗保险，辅以多层次养老制度的综合性社会保障制度。

农村的社会保障制度不仅对当地农民具有积极意义，而且对于到农村工作的人才来说也意义非凡，毕竟有了社会保障制度之后，人才将能够拥有与城市生活一样的养老保障，从而最大程度上消除人才的后顾之忧。当前农村社会保障体系建设主要有以下几项任务：

1. 完善农村社会保障的法律框架

制定《农村社会保障法》，对农村社会保障的原则、主要内容及形式、管理体制、资金的来源与发放、保障项目的标准、社会保障的监督法律责任等方面做出明确规定。根据《农村社会保障法》的要求,制定《农村养老保险条例》《农村合作医疗条例》《农村社会救济工作条例》《农村优待抚恤工作条例》,完善《农村五保供养工作条例》。各地要根据具体情况制定地方性法规和规章,使农村社会保障法律体系更完善,可操作性更强。

2. 完善农村社会保障管理体制

近几年,由于管理监督不力,农民养老保险试点和农村合作医疗制度在实践中出现了争利益,推责任,挪用救灾款、扶贫款,管理不规范等问题。为加快农村社会保障体系建设,必须强化各级政府的行政管理和监督,将其纳入规范化轨道,保障其健康发展。主要有三项任务:一是合作,农村社会保障的职能部门包括民政、财政、劳动、卫生等部门,这些部门的管理职能既要明确和有所侧重,又要相互配合,共同促进农村社会保障事业的发展;二是分离,即农村社会保障的行政管理与基金管理、业务管理相分离,政府主要负责行政管理;三是规范,即农村社会保障的各个项目的管理制度、管理内容和管理程序都必须规范化。

3. 提高农村社会保障的管理效率

一是提高行政管理人员的理论水平、业务素质和政策水平;二是改进管理方法和手段,尤其要强化信息化管理手段和方法。为了鼓励农村居民参加社会养老保险和医疗保险,鼓励有经济实力的农民参加各种商业保险,鼓励农民参与农村福利事业,各级政府应承担社会保险基金保值增值的责任,将其纳入财政预算,逐年增加数额,并实行谁动用谁负责的原则。

4. 实现全国范围内城乡一体化的社会保障体系

大范围社会保障体系的一体化是市场经济有效运作的基本要求和良好外部环境。各种社会保险能够在区域内不同的城市实现对应和对接,对人才流动具有至关重要的作用。全国城乡一体化的社会保障体系,是与市场经济发展相一致的方向与目标。目前,各地之间的社会保障系统存在着较大差别,不对应和不对接的现实阻碍了人才的自由流动。因此,要加快以现有城乡经济社会发展水平为基础的社会保障体系的建设,逐步提高社会保障系统的统筹程度,实现城乡一体化的社会保障体系。

5. 要在农村地区实行多元化的养老和保障模式

一是逐步实现城乡一体化养老。要按照统筹城乡发展的要求,进一步完善城乡基本养老保险制度,重点是加强农村基本养老保险制度的改革和创新,建立和完善多层次的基本医疗和基本养老保险体系。实现基本养老保险的全覆盖,缩小城乡差距。二是在大力倡导居家养老的同时,积极发展社会养老。通过积极推进养老社会福利社会化,逐步形成以政府、集体举办的老年社会福利机构为骨干,以社会力量举办的老年社会福利机构为新的增长点,以社区老年人福利服务为依托,以居家养老为基础的老年人社会服务体系。三是积极探索"本地待遇、异地养老"的服务模式。通过跨区域协议或协定,实现养老保障和医疗保障的异地结算,最大限度地开发和最充分地利用区域内的养老资源。根据不同地区发展的实际情况,开展"本地待遇、异地养老"。

6. 多层次养老制度的逐渐形成

在保障层次上,应由单一的基本养老保险向基本养老保险、企业补充养老保险和个人储蓄养老保险相结合的多层次养老保险过渡。地方政府对企业养老保险也应积极给予政策支持,规定有条件建立补充养老保险的企业,在不超过本单位工资总额5%的范围内列入企业管理费用开支,调动农村企业为职工建立补充养老保险的积极性。多层次养老保险体系的建立,有利于企业增强凝聚力和吸引力,有助于提高退休人员的保障水平。

同时,还可以积极推行"异地养老"。目前,大城市的人口老龄化与老年人口高龄化现象加剧,以及家庭规模小型化、老年人的长期照护问题越来越突出。城市附近的农村地区往往经济较为发达,可以积极推进与城市在养老问题上的对接,利用当地的生态环境比大城市好、地价和房价比大城市低、护理人员的工薪比大城市便宜、交通比大城市便捷等优势,更多地吸纳城市老人入住。可以通过开设跨省区的城镇基本医疗保险的"窗口",在养老机构规模大、城市老人"异地养老"集中的农村地区,建立本市一级医院和三级医院的分院,按城市规定的基本医疗保险办法实施诊疗,使"异地养老"的老年人能就近、方便地获得医疗卫生服务。如此不仅能够建立多层次的养老体系,降低城市养老费用,而且有利于稳定到农村工作的人才的信心,从而促进农村地区的人才集聚。

二、农村发达地区实现人才集聚的内部机制建设分析

外部环境是人才在进行流动决策时考虑的重要因素,但是农村地区企业的内部机制建设也是人才决策时的重要参照物。如果只有好的外部条件,而人才

所在机构的制度不合理,机制不健全,也会直接影响人才的信心。因此,对于农村地区的机构来说,建立合理高效的内部机制,是当前吸引、集聚人才的必由之路。

(一)管理机制

对于农村企业来说,管理机制的建立尤为重要,因为大多数的乡镇企业都存在着管理的"短板",而这种落后的管理对于城市人才来说是一个很大的顾虑。如果一个企业管理混乱,则人才往往会倾向于离开而不是进入。因此,乡镇企业要从管理方面下手,狠抓制度建设,形成一套科学合理的管理机制,增强人才对企业发展的信心。

1.建立公开公平的竞争机制

创新人才绩效考核考评机制。根据不同部门的性质,设立不同的考核标准。真正做到唯才是举、任人唯贤,做到选拔的公开性和公正性。在市场经济条件下,人才的配置和流动是通过竞争实现的。人才竞争主要靠人的实际能力,通过平等开放的竞争,形成不拘一格的用人机制,这与"官本位"中所提倡的论资排辈原则是格格不入的。因此,人才资源竞争机制,是人才质量提高与价值效益利用的推动力,它是以满足供求为核心的活动。

2.选拔机制

健全和有效的选拔机制对人才的激励效用较为明显。通过在企业内部建立公平竞争机制,能提高人才的工作积极性,可以使优秀人才脱颖而出。

(1)建立健全内部晋升制度,完善组织内部竞争机制

内部晋升在组织内的作用主要有两个:一是将有能力者和业绩突出者提升到重要职位;二是提供激励。众所周知,第二次世界大战后,日本经济迅速发展,依赖于人才资源。分析日本各大企业组织的人才管理制度,不难看出人才提升制度已成为日本企业普遍采用的一种重要方式。日本企业人才提升有两种途径:一种是按工龄序列,工作一定年限后,同类人员中成绩卓著者受提升;另一种是破格越级提升。无论哪种方式,都注重强调人才的能力,那些具有战略眼光、开拓精神较强的人才总是会被挖掘和重用。因此,建立内部晋升制度,有利于充分利用组织人才资源的现有存量,提高人才资源的利用率。与此同时,组织还应建立合理的竞争机制,打破用人上的刚性状况,搞好人才资源的挖潜、调配工作,

采用竞争上岗、岗位轮换等方式。

(2)健全人才选拔的公平竞争、监督制约和审议否决机制

完善人才考核的量化标准和可操作性,改变过分集权的人事管理模式,把个体对组织的人身依附关系转化为契约关系,克服、纠正任人唯亲的腐败倾向,营造人尽其才、才尽其用的体制环境。

(3)完善授权管理

合理划分内部分工范围、管理权限,尽可能地给予个体充分的岗位权限,增强个体自我管理意识,从而增强其主人翁意识,激发其工作热情和积极性。

(4)规范内部管理制度

组织规章制度不健全、管理混乱,会降低个体对组织的信任,导致人才对组织的前途失去信心。所以,应该规范内部管理制度、工作流程、岗位职责、激励机制等基础工作,此外,还应加强对技术资料的管理和备案,把因人才流失导致的损失减到最低限度。

(二)激励机制

合理的激励机制可以有效地激发人才的积极性和创造性。激励手段不仅包括物质激励,还包括精神激励和发展激励等,精神激励有时往往比物质激励更有效。人才更为看中的是人文环境,能否实现自我价值和社会价值。所以,社会的荣誉感程度和享有的社会地位高低是他们选择职业时重点考虑的因素。

农村企业为了能吸引人才并长久留住人才,应该采取多种手段来实现对人才的激励,这种综合性的人才激励机制能够满足人才对金钱、荣誉、社会地位乃至自尊心等多方面的需求,从而更好地激发人才的工作积极性。具体来说,农村企业应该对下面几种激励方式给予重视:

1. 金钱激励

物质激励是激励的主要形式,也是基础形式。人才仍然期望富有竞争力并与业绩紧密相关的薪酬,最突出的人才应得到最好的报酬。金钱激励可以采取工资或奖金、优先认股权、公司支付的保险金等任何其他形式的鼓励性报酬。要使金钱能够成为一种激励因素,必须遵守以下原则:第一,金钱的价值不一,相同的金钱,对不同收入的员工有不同的价值;第二,金钱激励必须公正,一个人对他所得的报酬是否满意不是只看其绝对值,而是要进行相对比较,判断自己是否受到了公平对待;第三,金钱激励必须反对平均主义,平均分配等于无激励。

2. 目标激励

每个人实际上除了金钱目标外,还有诸如权力目标、成就目标等其他目标。管理者要将每个人内心深处的这种或隐或现的目标挖掘出来,并协助他们制定详细的实施步骤,在随后的工作中引导和帮助他们努力实现目标。当每个人的目标强烈和迫切地需要实现时,他们就对企业的发展产生热切的关注,对工作产生强大的责任感,平时不用别人监督就能自觉地把工作做好,这种目标激励会产生强大的效果。

3. 尊重激励

尊重是人才自信力爆发的催化剂,它有助于企业员工之间的和谐,有助于企业团队精神和凝聚力的形成。企业应充分信任其人才不需要在经理的监督下也能按时完成工作。只要他们能完成公司的任务,公司就应给予他们这个自由。

4. 参与激励

通过参与形成职工对企业的归属感、认同感,可以进一步满足员工自尊和自我实现的需要。企业可以授予股票期权或将员工的薪酬与公司、部门或项目的业绩相联系,没有做出员工股权安排的企业可以通过给予员工业务授权的方式将员工与企业的利益联系在一起。其他的方式还有授予员工自治权、尊重他们和认可他们的工作成绩等。

5. 荣誉和提升激励

荣誉是众人或组织给予个体或群体的崇高评价,是满足人们自尊需要、激发人们奋力进取的重要手段。对一些工作表现比较突出、具有代表性的先进员工,给予必要的荣誉奖励是很好的精神激励方法。荣誉激励成本低廉且效果很好。另外,提升激励是对表现好、素质高的员工的一种肯定,应将其纳入"能上能下"的动态管理制度。

(三)企业文化

企业文化的建设对农村地区机构吸引人才具有积极的作用,虽然这属于看不见的方面,但是这种"软实力"能够稳定人才的信心,并且有助于人才发挥工作积极性。对于农村机构来说,企业文化建设要着重做好以下几点。

1. 建立良好的信任环境

留人要留心,留住人才最好的办法就是留住他的心,特别是经济发展水平相对落后的农村地区,要留住人的心,莫过于认真培养他,充分信任他,所谓"士为知己者死"。各类组织的领导者对人才应知人善任,在工作中对其委以重任,给人才更多尝试、创新的机会,信任和尊重人才,给予人才发展、晋升的机会,这种人与人之间的信任可以使人才有一种成就感,从而留住人才的心。首先,领导应以身作则起到表率作用。领导者应做到言必信、行必果,应注意对自身能力的培养与提高,应与人才进行交流与沟通,交流可以拉近人们之间的距离,可以增强下属的信任感和成就感。

其次,在组织内尽力做到公平、公开、公正。在信任关系中,公开是一个很重要的问题,公正无私可以增强人们对信任关系的信心,加深信任的程度。公平、公开、公正是提高人才的稳定性和对组织的信任度的基本要求。建立完备的信任环境是留住高级人才的重要因素,只有充分的信任才能使组织与人才达到双赢的目的。

2. 建立良好的沟通机制

加强与人才的沟通,建立良性的沟通机制,是企业营造和谐气氛的重要措施。上下级之间良好的沟通能激发人才的创造性和培养人才的归属感,并且能缓和人才工作中出现的情绪问题。员工在工作中产生一些怨气是难免的,如果管理者能够及时体察,主动坦诚地与人才沟通,将矛盾消灭在萌芽之中,无疑是争取双赢的有效途径。对于新入职的人才来说,组织上的沟通更加必要。在与员工沟通方面,人力资源部门应该发挥作用,成为人才与管理层之间进行沟通的桥梁与纽带。

第三节 科技人才向企业集聚的机制

一、完善我国收入分配机制

我国企业职工的收入与机关、事业单位的收入相比存在着较大的差距,从而导致大量的高素质人才流向了机关、事业单位,影响了我国科技人才向企业的集聚。一般来说,企业科技人才的待遇是由企业自身的经营状况决定的,但是由于我国分配机制存在的缺陷,造成了初次分配及再分配的不公平现象,对我国科技人才的流动产生了负面的导向作用。要想改变这一现状,就需要从分配机制角度入手,缓解我国不同群体间的收入差距问题。

(一)重视并提高初次分配的公平性

我国收入分配政策的原则是:初次分配注重效率,再分配注重公平。一般来说,资源的占有和配置、市场的准入等因素决定了初次分配的起点。由于历史因素,我国企业存在着国有与非国有、垄断性与非垄断性的差别。政府拥有过大的资源支配能力而且缺乏有力的监督机制,导致资源过分集中到国有企业与垄断性行业。目前,这些是我国初次分配不公的主要原因。

政府在垄断性行业中起主导作用造成了初次分配的不公平。垄断性行业本来就有先天的支配资源的优势,对此各国都制定了相关的反垄断法来限制其过度占用社会资源,而我国由于政府在其中的利益而改革缓慢。在初次分配中机关事业单位与一般民营企业相比并没有太大吸引力,而垄断性行业则恰恰相反。因此,加大垄断性行业的改革力度,在调节收入差距、建立正常的人才引导机制方面将会发挥正的效应。

在我国特殊的历史背景下,其实反垄断的核心就是反行政垄断。这应该从体制上转变政府的职能,实现政府与一般性的垄断企业分开,使其之间的职责彻底分开。行政垄断的背后是行政权力,权力如果不从市场的竞争领域退出,政府不从直接管理和干预企业的职能中转变出来,反垄断只是一句空话。另外还需要加大反垄断法的执行力度,完善全国统一的市场竞争格局,建立完善的市场竞争机制。将市场化改革从一般竞争性领域推向基础部门和公用事业领域,不仅可以为非公有制经济的发展提供广阔空间和促进这些部门的发展,而且有利于缩小垄断部门与竞争部门的收入差距,减少因行政垄断产生的"设租"和"寻租"行为,促进初次分配的社会公平。

(二)建立公平的统一的社会保障制度

社会保障是收入再分配的主要内容,我国再分配的原则是体现公平,但是在现实的运行过程中,我国社会保障制度却导致了人们收入差距的扩大。我国城镇社会保障制度主要存在两方面的问题:一是覆盖面不足,城镇中还存在着民营企业社会保障覆盖率和保障水平低的问题;二是制度不统一,企业与事业单位的社保制度存在差别,即社会保障实质上实行的是"双轨制"。这些都拉大了不同部门就业者的收入差距。我国作为社会保障水平不高的国家,这部分的收入还是很有吸引力的,在人才的流动方面会起到很大的导向作用。

在社会保障体系中,养老金是最重要的一块,因此改革我国现行养老保险制度迫在眉睫。改革现行养老保险制度的一条基本原则应该是让企业的养老金向事业单位的养老金靠,提高工人的生活待遇,让其充分享受我国改革开放的成果。

按照全国人大代表程恩富的观点,我们应该立即制定"机关、事业和企业三单位联动的养老保险制度改革方案",可参照"双层养老保险制度"的模式,其基本思路如下:

第一层制度:建立统一的城镇职工养老保险制度,实行养老保险统一运营。在缴费上,要按照社会统筹与个人账户相结合的原则,像企业一样为机关、事业单位工作人员建立基本养老保险个人账户,以便与企业养老保险制度相衔接。在统一制度内,要保证所有退休人员均享受同等的退休待遇,即机关、事业和企业人员的退休养老金占工资的比例应相同。

第二层制度:在统一的城镇职工养老保险之外,建立机关、事业单位补充养老保险制度,使机关、事业单位的养老保险结构形成两个部分,第一部分是基本养老保险,是基础;第二部分是补充养老保险,是补充和提高。以此保证机关、事业单位人员养老待遇不降低,同时又不造成在统一制度内与企业人员之间的待遇不平等。

在上述模式中,为机关、事业单位人员增加一项补充待遇,是工作性质所带来的待遇差别,是科学发展和改革中"成果须分享"与"福利须增加"原则的体现,显示出机关、事业与企业三者之间的公平与公正。由于机关、事业单位与企业并轨统一,在统一制度内部不存在原有的待遇差别。同时,由于改革仅是对原有退休金制度的替代,并不会增加现有财政支出压力。

二、改善企业自主创新的宏观环境

我国的科技规划早已把企业作为自主创新的主体,经过长期的改革,我国企业的自主创新能力有了大幅的提高,但我国企业的创新能力还是整体偏弱。为进一步提高其创新能力,企业需要增强其创新主体意识,加强创新能力建设,培育企业创新文化。政府也有责任为企业提供一个良好的制度环境来支持其开展自主创新活动。

(一)政府加强知识产权的保护

企业的自主创新一方面要有大量前期的投入,另一方面还要面临巨大的市场风险。因此,要想鼓励企业进行创新活动,就要对其成果进行有力的保护,使其得到高额的回报。这就对我国企业自主知识产权的保护提出了较高的要求,政府应尽快完善相关法规,加大执法力度,保护知识产权。另外在微观操作方面也需要对保护知识产权的方式进行改善,比如为了降低被保护者的成本,可以适当调整专利申请的费用及年费的标准,还可以对侵权诉讼周期做适当调整。此外,政府应该为企业提供完善的知识产权服务体系,让企业尤其是中小企业能更加方便地进行自主创新,其中最主要的是加大对知识产权公共信息网络建设和服务的投入。

(二)要通过规划和协调促进技术链的整体突破

现代产业技术通常以技术链的形态存在,单项技术创新很难取得效益,需要技术链的整体突破。因此,要引导和协调企业在创新活动中的分工协作,建立和发展企业创新战略联盟,促进形成以大企业为龙头的创新链。中小企业则可通过参与大企业的分工协作,获得大企业技术扩散的效益,使处于技术链不同环节的企业都能分享创新收益,推动行业关键技术的整体突破。

(三)要加大对共性技术的投入和供给

加强财政直接投入共性技术研发的立法工作,明确政府支持共性技术研发的责任和义务;加强对共性技术研发的有效组织,优先支持战略性共性技术和关键共性技术;通过政府采购方式,促进共性技术的转移和扩散,发挥共性技术的社会经济效益。

另外,国家科技计划和重大科技项目,特别是具有市场应用前景的项目,也应以企业为主体,由企业牵头申报和组织,形成由企业牵头实施国家重大科技项目的机制,同时使项目更好地面向产业发展和市场需求。还应支持企业建立研发机构并加大研发投入,在有条件的企业中建立国家工程技术中心和产业化基地,吸引科技人才向企业流动,培育一批集研发、设计、制造于一体并能提供系统集成服务的大型企业;支持和帮助企业提高研发人员水平,通过财政补助等形式鼓励大学和科研院所吸纳企业研发人员参与科研活动。

(四)促进企业自主创新的激励政策

财税方面,要逐步推进实施消费型增值税,加大企业研发投入的税前抵扣,允许企业加快研发设备的折旧,继续完善和实施促进高新技术企业发展的税收优惠政策。金融方面，要引导各类金融机构支持企业的自主创新与产业化，继续推进创业板市场建设，鼓励有条件的高科技企业在中小企业板上市。政府采购方面，要把具有自主知识产权的产品纳入政府采购优先目录，使用政府资金的采购活动和国家重大项目建设，都要优先采购具有自主知识产权的产品，通过政府采购的示范作用，影响国民认识和市场行为，提高自主品牌的知名度和影响力。

三、建立基于市场价值的科技人员成果价值界定体系

企业应当建立基于市场价值的科技人员成果价值界定体系。在建立这个体系的过程中，应当始终遵循一个基本原则——市场价值原则，即在市场经济的条件下，技术成果的价值界定和科技人员相应的贡献量化不应脱离市场，而且其出发点应当是市场。现行的评估理论与体系之所以实用性不强，就是因为没有考虑市场的因素在科技成果价值界定中的作用，而我们的解决思路则充分考虑了市场的因素，即对于一项较为成熟的技术，衡量其投入生产后，在它的技术周期中究竟可以带来多少价值？然后确定其中技术的贡献，将这部分就作为该技术的价值；而对于其他还不够成熟或未投入生产的成果，则由专家对相关指标进行评分，运用运筹学中决策分析的方法，求出与上述已评估技术的相对重要性（价值间的比例），最后再加入一些系数进行修正，便可得出技术成果相对准确的价值。再由各方面的专家进行评分，确定技术人员的价值分成率，就可以较为准确地量化科技人员的贡献。

四、完善对技术人员的激励及成果保护机制

对于企业来说，吸引、集聚人才仅仅靠确定了他们的成果价值是远远不够的，建立一种完善的产权机制、创造长期有效的政策法律经济环境才是问题的关键。只有建立健全了这种机制，才能真正对科技人员的成果价值进行有效的保护，从而促进技术创新的发展。

（一）培育鼓励创新的企业文化，为技术创新提供良好的内环境

纵观国际知名大企业，特别是高新技术企业，几乎都拥有鼓励创新的企业文化，这种企业文化为它们技术的不断创新并一直处于领先的地位起到了很大的作用。在一个企业中，只有从管理层到普通员工都树立起尊重知识、鼓励创新的观念，才可能真正地尊重技术人员的成果，进而对其实施有效的保护。其中的措施包括减少组织结构层次、对科研人员实行直接领导、划拨特定的经费等。

(二)实施适当的激励政策是企业鼓励技术创新的关键

在国外,技术入股是企业激励科技人员普遍采用的方式。技术人员将成果折价成公司股份,员工凭借拥有的公司股份参与分红。这种方式使知识与资本紧密结合起来,并可以通过将科技人员的收益与企业发展状况密切联系而激发其内在动力,因此成为世界上对技术人员进行激励所普遍采用的手段。但是在我国,大面积地推行技术入股模式还有一定的困难。首先,据有关研究,大多数科技人员并不过多在意对企业财产的支配权和所有权,他们最关心的是财产的剩余追索权,即实现实在的利益。所以技术人员所持股份在一定期限后或一定条件下,应该允许部分或全部出卖,只有这样才能确保技术成果的价值得到保护和体现。我国资本市场还不够成熟,市场窗口量偏小,企业上市还比较困难,特别是缺乏二板市场,大量依赖技术成果的高新技术企业无法上市。其直接后果就是技术股份缺乏必要的退出渠道,技术人员的股份很难变现;其次,即使使用了前文所述的量化模型,由于客观环境的变化,模型预测中的偏差等因素也可能使技术投入生产后所产生的效益与之前预测的价值存在较大的偏差。而按预测价值对技术一次性折价入股后再出现这种情况,缺乏必要的补救和调整措施。这不但会造成企业资产的流失,而且有可能使科技人员在技术投入生产后,便不再注意对技术进一步完善与提高,在根本上不利于企业的技术创新和持续发展。

因此,在现阶段,我国不应以技术入股为主要的保护方式(当然可以在具备条件的地区企业中使用),而应推行一次性奖励与期股制相结合的"一奖双酬"制度,具体措施是:职务发明授予专利权(或作为商业秘密保护)后,所在单位应对发明人和设计人给予一次性的奖励,而对其技术价值的剩余部分以期股制的形式发放,并视在技术推广应用中获得的经济效益与预期效益的对比情况酌情增加或减少期股数额。这样,一方面仍然具有技术入股中资本和知识直接结合,技术人员收益与企业经营状况相联系的优点;另一方面,通过在一定比例上先实现技术价值的变现(通过一次性奖励),从而给技术人员较大的激励,弥补技术入股机制的不足。同时,期股制的存在及相关制度的影响,可以激励科技人员在技术投入使用后继续跟踪,并积极地进行改进与完善。

参 考 文 献

[1] 方文东. 关于科研团队组建的一些认识[J]. 科技管理研究, 2002(4):41-43.

[2] 陈春花, 杨映珊. 基于团队运作模式的科研管理研究[J]. 科技进步与政策, 2002(4):79-81.

[3] 吴杨, 李晓强, 夏迪. 沟通管理在科研团队知识创新过程中的反馈机制研究[J]. 科技进步与对策, 2012(1):7-10.

[4] 贺志荣. 组建科研团队应考虑的因素[J]. 科技管理研究, 2010(11):195-196.

[5] 尉春艳. 企业研发团队的冲突与创新绩效的关系研究[D]. 天津:河北工业大学, 2010.

[6] 李存金, 侯光明. 具有工作互补效应的团队工作管理激励与约束机制设计[J]. 运筹与管理, 2001, 10(2):154-157.

[7] 蒋日富, 霍国庆, 谭红军, 等. 科研团队知识创新绩效影响要素研究——基于我国国立科研机构的调查分析[J]. 科学学研究, 2007(2):364-372.

[8] 井润田, 王蕊, 周家贵. 科研团队生命周期阶段特点研究——多案例比较研究[J]. 科学学与科学技术管理, 2011(4):173-179.

[9] 罗洪铁, 周琪, 张家建. 人才学基础理论研究[M]. 成都:四川人民出版社, 2003.

[10] 牛冲槐, 接民, 张敏, 等. 人才聚集效应及其评判[J]. 中国软科学, 2006(4):118-123.

[11] 郭英坤. 综合集成创新网络下的人才聚集及团队管理研究[D]. 太原:太原理工大学, 2010.

[12] 杨彦超. 区域科技投入对科技型人才聚集效应的影响分析[D]. 太原:太原理工大学, 2007.

[13] 阿弗里德·马歇尔. 经济学原理[M]. 北京:华夏出版社, 2005.

[14] 安虎森. 空间接近与不确定性的降低——经济活动聚集与分散的一种解释[J]. 南开经济研究, 2001(3):49-51.

[15] 蔡宁, 杨闩柱. 企业集群竞争优势的演进:从"集聚经济"到"创新网络"[J]. 科研管理, 2004(4):106-107.

[16]陈国权.组织行为学[M].北京:清华大学出版社,2006.

[17]陈力.人才流动促进人才的全面发展[J].中国人才,2005(12):24-25.